MARTHE ROBIN

# Sous la conduite de Marie

*

1925-1932

3 rue de la Porte de Buc – BP 652 – 78006 Versailles Cedex
ISBN 2 85049 638 3

Henri-Marie MANTEAU BONAMY o.p.

# MARTHE ROBIN

## Sous la conduite de Marie

1925-1932

*

*Textes inédits*

Éditions SAINT-PAUL

## DU MÊME AUTEUR

*Maternité divine et Incarnation,* (Etude historique et doctrinale, de saint Thomas à nos jours), Vrin, Paris, 1949.

*Initiation théologique,* T. IV : L'Incarnation, Cerf, Paris, 1951.

*La Vierge Marie et le Saint-Esprit,* Commentaire du chapitre 8 de Lumen Gentium, éd. P. Lethielleux, Paris, 2e édition, 1975.

*La doctrine mariale du Père Kolbe,* (Esprit-Saint et Conception Immaculée), éd. P. Lethielleux, Paris, 1975.

*On n'arrête pas la liberté, en collaboration avec Anne Chopinet et Jean-Marie Duthilleul,* coll. « Axiale », Paris, éd. P. Lethielleux, 1985.

*S. Louis-Marie Grignion de Montfort,* théologien de la Sagesse éternelle au seuil du troisième millénaire, éd. Saint-Paul, Paris, 1986, 64 p.

*Hors de la Femme point de salut ?* éd. Mame, Paris, 1991.

**Aux éditions SAINT-PAUL**

*Collection Spiritualité contemporaine*

*L'Icône du Christ miséricordieux,* Message de Sœur Faustine, Maria WINOWSKA, 1973, 10e édition, 280 p.

*La Grâce d'être femme*, Georgette BLAQUIÈRE, 1982, 12e édition, 208 p.

*L'Amour, vocation du chrétien*, Joseph-Marie PERRIN, 1990, 110p.

*La Ténèbre lumineuse*, Un moine lit la Bible, André GOZIER, 1990, 184 p.

*Je suis avec vous tous les jours*, Vivre la liturgie, Jean GALOT, s.j., 1990, 256 p.

*Du scandale du mal à la rencontre de Dieu*, Marie-Joseph LE GUILLOU o.p., 1991, 204 p.

*Préparer le chemin du Seigneur*, Alain GRZYBOWSKI, 1992, 99 p.

*Christ, maître de vie spirituelle chez St Jean de la Croix*, Jean-Georges GOEGLIN, 1992, 196 p.

*Entre tes mains Seigneur*, Pierre LEPLAY, 1993, 172 p.

*L'Oraison du Cœur*, Daniel MAURIN, 1993, 294 p.

... *Des miettes pour tous*, Thomas PHILIPPE o.p., 1994, 224 p.

*Qui comprendra le Cœur de Dieu ?* Marie-Dominique MOLINIÉ, o.p. 1994, 184 p.

*Regard sur le Purgatoire*, Préface de Mgr Henri BRINCARD, 1994, 170 p.

# SOMMAIRE

# PRÉFACE

Pour qui va en retraite à Chateauneuf-de-Galaure, il est évident que la Vierge Marie est la Reine et la Mère des Foyers de Charité. Sa statue domine le porche d'entrée, c'est Elle qui accueille.

Et ceux qui ont visité Marthe dans sa maison de la Plaine, savent que la Vierge Marie était invisiblement présente dans la petite chambre où sa fille bien-aimée s'offrait en sacrifice.

La Vierge Marie et Marthe, quel mystère d'une communion incessante et d'une relation d'amour unique !

En effet, j'ai toujours pensé que Marthe vivait le mystère de Marie d'une façon tout-à-fait exceptionnelle dans l'histoire de l'Eglise. Elle incarnait ce mystère pour l'Eglise de ce temps, comme si, à travers elle, Marie voulait revivre, en l'actualisant, le parcours de sa vie terrestre en tant qu'associée à la grande Œuvre de son Fils Jésus.

Il ne faut pas croire, cependant, que Marthe – pleinement humaine – ait pu d'emblée rentrer dans la profondeur de ce mystère. Elle a pris le temps de la réflexion, de la prière, mais aussi d'une certaine réserve, peut-être d'hésitation – avant de confirmer le oui que son cœur généreux lui dictait.

Mais l'offrande une fois faite, Marthe entre généreusement dans cette union d'amour avec la Vierge Marie.

De ce parcours, c'est l'étape ultime du Calvaire qui fut pour Marthe le sublime de sa configuration à la Vierge, au Cœur immaculé et douloureux. Au pied de la Croix, la Vierge Marie a communié à toutes les souffrances de son Fils Jésus. Ont résonné dans son cœur toutes les affres de l'Agonie du Crucifié ; et toutes les plaies de Jésus ont ouvert dans son âme des insondables blessures d'amour.

Chacun de nos péchés, cause du martyre de son Fils, a frappé son Cœur comme tout autant de flèches acérées et chacun d'eux a suscité en elle un douloureux mais salutaire débordement de tendresse. N'était-elle pas ainsi associée au grand mystère de la Rédemption, à cette extraordinaire Épiphanie de l'Amour de Dieu, à travers l'immolation de son Fils ?

Ce mystère marial, Marthe l'a incarné pour l'Église de ce temps et pour le monde.

Elle a été placée, comme Marie et avec Marie, au pied de la Croix, unie aux souffrances de Jésus pour la Rédemption du monde. Et cela, dans une communion intime avec la Vierge !

Ont retenti ainsi en Marthe, la morsure du péché de ce monde et la douleur que Jésus en a ressentie sur la Croix. Et en même temps, elle a été intimement imprégnée de l'amour sauveur qui consumait le Cœur de Jésus crucifié. Comme Marie, au pied de la Croix, Marthe a été pleinement engagée dans l'œuvre de salut l'humanité, en communion à la Passion du Seul et Unique Sauveur du monde, Notre-Seigneur Jésus-Christ !

À juste titre, le travail du Père Manteau-Bonamy nous introduit, à travers les prières et les paroles de Marthe, dans cette intimité. Il dévoile – autant que faire se peut – la profondeur des relations de Marthe avec la Vierge Marie et tout ce que cela suscitait dans l'âme de Marthe. C'est d'une grande simplicité et d'une réelle beauté !

Il est à souhaiter que ceux qui liront ce livre puissent mieux comprendre combien la place de la Vierge Maire dans le mystère de l'Incarnation Rédemptrice est unique. L'infinie délicatesse du Père des Cieux a voulu choisir une femme, Marie, Nouvelle-Ève, pour collaborer à l'œuvre de salut de Jésus, le Nouvel-Adam, en vue de l'instauration de la Création nouvelle, régénérée par le sacrifice de son Fils.

Marthe ROBIN se situe à l'intime de ce mystère, en vertu de sa relation privilégiée ave Marie, au Cœur transpercé, ainsi que l'avait prédit Siméon au Temple de Jérusalem. (Luc 2, 35).

Perpignan, le 13 mai 1995

✠ Jean Chabbert
Archevêque-Evêque de Perpignan o.f.m.

# APERÇU CHRONOLOGIQUE

## *de la vie de Marthe Robin*

1902 *jeudi 13 mars*
Naissance de Marthe-Louise ROBIN, à La Plaine, quartier des Moilles, Châteauneuf-de-Galaure (Drôme).
Fille de Michel Joseph et d'Amélie Célestine Choson.

*samedi 5 avril*
Baptême de Marthe-Louise en l'église de Saint-Bonnet de Galaure, par Mr l'abbé Hippolyte Caillat, curé.
Le parrain est son frère Henri, âgé de 6 ans.
La marraine est sa sœur Alice Robin, âgée de 8 ans.

1903 *en novembre*
Grave épidémie de fièvre typhoïde à la Plaine.
Marthe en guérira, mais sa santé restera fragile

*12 novembre*
Décès de sa sœur Clémence Robin, âgée de 5 ans et demi (typhoïde)

1904 *6 janvier*
Décès de Jean Joseph Robin, grand-père de Marthe (typhoïde)

1908 Marthe "entre en classe."

1911 *3 mai*
Elle reçoit le sacrement de confirmation, des mains de Mgr Chesnelong, évêque de Valence, en l'église de Châteauneuf.

1912 *15 août*
Première communion en l'église de Châteauneuf.

1914 *21 mai*
Communion solennelle en l'église de Châteauneuf.

1915 Elle quitte l'école sans avoir obtenu le certificat d'études, étant malade le jour de l'examen. Intelligente, pas de mémoire...

1918 *Au cours de l'été*
Début d'une période de maladie (à ce jour, non précisée, "grippe espagnole" ?) qui semble avoir duré jusqu'au printemps 1921.

*2 décembre*
Marthe Robin reçoit le sacrement des malades.

1922 *En avril*
Elle fait un séjour chez sa sœur, Madame Gaillard, pour s'occuper, en son absence, de Raymond Gaillard, âgé de 8 ans ; aide au ménage et à la basse-cour.
Vers la fin de l'année : nouvelle maladie

1923 *en octobre*
Elle fait une cure de 3 semaines à Saint-Péray (bains résineux) sans amélioration visible de son état de santé.

1924 *en janvier*
L'état général de Marthe Robin s'aggrave.

1925 *15 octobre*
(année de la canonisation de Thérèse de l'Enfant-

Jésus, 15 août). Elle écrit un “acte d’abandon et d’offrande à l’Amour et à la Volonté de Dieu”.

1926 *3 octobre*
(première fête liturgique de Thérèse de l’Enfant Jésus)
Elle reçoit pour la 2e fois le sacrement des malades.

1928 *octobre*
Mission de 15 jours à Châteauneuf, dirigée par les pères capucins, Jean et Marie-Bernard.

*2 novembre*
Elle est admise dans le Tiers-Ordre de saint François.

1929 *2 février*
Raideur des 4 membres ; jambes repliées sur elles-mêmes. Ne peut plus écrire ; va commencer à dicter ; quelques pages écrites avec sa bouche.

*25 décembre*
Elle commence à dicter d’une manière très suivie ses “notes personnelles” qui forment comme une sorte de “journal”.

1930 *octobre*
Début des “passions hebdomadaires” jeudi soir à samedi.

1932 Plus de sommeil, plus d’alimentation, trouble des fonctions végétatives.

1934 *octobre*
Ouverture de l’école paroissiale.

1936 *10 février*
Première rencontre de Marthe avec l’abbé Georges Finet.

*23 juin*
Décès de Michel Joseph Robin, père de Marthe.

*7-13 septembre*
Première retraite des Foyers de charité, à Châteauneuf.

1939 Disparition presque complète de la vue.

1940 *22 novembre*
Décès d'Amélie Célestine Robin-Chosson, mère de Marthe.

1942 *14 avril*
Visitée par le Professeur Dechaume et le Docteur Ricard, en partie en présence de Mgr Pic, évêque de Valence et du P. Finet.

1951 *8 août*
Décès d'Henri, frère de Marthe.

1981 *vendredi 6 février*
Vers 17 heures, le P. Finet trouve Marthe sans vie.

*10 février*
(45e anniversaire de la Ière rencontre avec le P. Finet)
Vers 15 h., le cercueil de Marthe est descendu à la chapelle du Foyer.

*12 février*
Célébration des funérailles de Marthe :
Messe au sanctuaire "Sainte-Marie, Mère de Dieu" – Concélébration de beaucoup de prêtres.
Inhumation dans le caveau de la famille Robin, dans le cimetière de Saint-Bonnet de Galaure.

# INTRODUCTION

Marthe Robin fut à l'initiative de l'œuvre des «Foyers de Charité» qui sont maintenant répandus à travers le monde.

Or, dans le Décret romain de la reconnaissance de cette œuvre comme «association privée de fidèles de caractère international», relevant du «Conseil pontifical pour les laïcs», depuis le 1er novembre 1986, il est dit:

«**Les Foyers de Charité** sont des communautés de baptisés, hommes et femmes, qui, à l'exemple des premiers chrétiens, mettent en commun leurs biens matériels, intellectuels et spirituels, vivent dans le même Esprit leur engagement pour réaliser, *avec Marie comme Mère*, la Famille de Dieu sur la terre, sous la conduite d'un prêtre, dans un incessant effort de charité entre eux et portent, par leur vie de prière et de travail dans le monde, un témoignage de Lumière, de Charité et d'Amour selon le grand message du Christ, Roi, Prophète et Prêtre.»

La présence de Marie, comme Mère, est donc essentielle dans les «Foyers de Charité». Du reste, dans le document officiel des Foyers, intitulé : «*Esprit et vie*, structures canoniques des Foyers de Charité», on lit :

> « Marie est notre Mère, elle est Mère de toute l'Église. C'est au 'disciple' que Jésus s'adresse du haut de la Croix en lui disant : "Voici ta Mère" (Jn 19, 27). Chacun de nous est appelé comme le disciple que Jésus aimait, à la prendre chez lui.
>
> Cette réalité merveilleuse, qui est au cœur de toute vie vraiment chrétienne, nous voudrions la vivre d'une façon toute spéciale dans tous les Foyers, selon la promesse de Jésus à Marthe : "Ma très Sainte Mère sera la Reine glorieusement aimée et écoutée dans ce Foyer de mon Amour, qu'elle conduira elle-même par sa présence toute maternelle". En chaque Foyer, qui est une famille, Marie est la Mère : Mère de chacun des membres qu'elle enfante et fait grandir chaque jour dans le Christ, Mère de la communauté qu'elle rassemble autour de son Fils et au milieu de laquelle elle se tient pour appeler l'Esprit de Pentecôte. Cette relation filiale à la Vierge Marie est vécue dans les Foyers selon la spiritualité de saint Louis-Marie Grignion de Montfort. Elle s'exprime dans la consécration à *Jésus par Marie*, qui est la forme même de notre engagement et de notre don. Nous la renouvelons chaque jour. Dans cette consécration nous lui donnons tous nos biens et tout notre être, nous lui abandonnons toute notre vie pour qu'elle nous rassemble dans le Christ et nous transforme en lui. C'est toute la vie qui sera peu à peu transformée par cette présence maternelle de Marie. Elle sera bientôt reconnue dans la délicatesse de l'accueil sous toutes ses formes, dans la joie des plus humbles services, dans

l'écoute des autres, la compassion profonde et discrète, la disponibilité à la Parole de Dieu, le courage au travail, l'obéissance filiale, l'acceptation aimante de la croix ; vie mariale : avec Marie, par Marie, pour Marie et en Marie.

Ne craignons pas qu'elle nous sépare jamais de Jésus. Elle nous mène à lui et le fait grandir en nous ; selon la parole de Saint Louis-Marie Grignion de Montfort : 'C'est par la très Sainte Vierge que Jésus-Christ est venu au monde et c'est aussi par elle qu'il doit régner dans le monde'... 'Quand le Saint Esprit voit Marie dans une âme, il y bondit' (p. 9-10).

Marie attire avec son Fils les 'membres du Foyer', les 'amis du Foyer', les 'retraitants', les ouvrant aux grâces du Seigneur, pour les faire grandir dans le Christ, sous l'action de l'Esprit Saint à la gloire du Père » (*ibid.*, p.36).

On ne peut mieux affirmer que Marie, Mère de Dieu et Mère de l'Église, vit au cœur des Foyers de Charité. Cette présence était primordiale aux yeux de Marthe et enracinée en son cœur tout donné à Jésus et à son Père.

Mon propos est de suivre l'itinéraire spirituel de Marthe de 1925 à 1932. Pourquoi ces dates ?

## *Marthe Robin et Thérèse de Lisieux : 15 octobre 1925*

On sait que Marthe a rédigé un « acte d'abandon à l'Amour et à la Volonté de Dieu », à la date du 15 Octobre 1925. C'est exprès qu'elle choisit le jour de la fête de sainte Thérèse d'Avila, réformatrice du Carmel. En effet, Marthe voulait manifester qu'elle avait été inspirée de s'abandonner à Dieu par la carmélite Thérèse de Lisieux qui venait d'être canonisée, le 15 août de la même année, par le pape Pie XI.

Cet «acte» d'abandon a une histoire. Il semble bien que Marthe en a rédigé deux, l'un en 1925 et l'autre, un an après, mais marqué de la même date: 15 octobre 1925.

Se rappelant cette période de durs combats des années 1925-26, elle dira:

> «Je parle souvent de sainte Thérèse de l'Enfant Jésus. Elle est pour moi 'une grande' sœur intime dont la doctrine toute d'amour fut si bienfaisante à mon âme, à l'époque des grandes ténèbres et de la non moins grande solitude où je me trouvais. Sa vie, *Histoire d'une âme*[1], ouverte quelques fois au hasard, me donnait des solutions pleines de lumière et d'à propos.» (9 octobre 1931)

Cela manifeste qu'elle tient à se lier à Thérèse de Lisieux qui l'a visitée, d'une manière très sensible à ses yeux. Ce qui lui a permis de dire par la suite, en riant: «Oh, la coquine! elle m'a tout laissé après» (témoignage du P. Finet).

Marthe a cheminé toute sa longue vie de souffrance sur «la petite voie» d'amour de Thérèse ; cela affleure de nombreuses fois dans ses notes personnelles, nous le verrons.

## *A Jésus seul, sous la conduite de Marie*

Comme Thérèse, Marthe voit en Marie, la Mère de Dieu et notre Mère qui ne cesse de nous amener à Jésus. Si Jésus seul

1. La 1e édition de l'*Histoire d'une âme*, est datée du 30 septembre 1898, le jour anniversaire de la mort de Thérèse, aux éditions SAINT-PAUL.

est, pour Marthe, le tout de sa vie, elle ne l'isole pas des créatures qu'il est venu sauver. Marie est la première, car, dans sa foi, elle la sait précisément inséparable de Jésus et la plus proche de nous en raison de sa mission universelle de Mère des hommes. Jamais elle ne déifie Marie. Elle aime bien dire qu'elle est comme nous une simple créature, une femme humble et pauvre tout le temps de sa vie terrestre, qu'elle fut gratuitement appelée par Dieu pour une telle mission, mais héroïquement fidèle à cet appel jusqu'à l'offrande d'elle-même en intime union avec l'offrande de son Fils mourant sur la Croix.

La présence continuelle de Marie dans l'itinéraire spirituel de Marthe, toute livrée à Jésus, son Sauveur, l'unique Médiateur entre Dieu et les hommes, est évidente. J'ai voulu m'en tenir aux écrits dictés par Marthe jusqu'à fin 1932, parce que c'est durant cette période de sa vie qu'elle fut invitée par le Seigneur à *s'abandonner* à lui pour *être immolée* par lui et avec lui en vue de la *mission* qu'il lui confia dans l'Église. Période donc d'éducation où, cela va de soi, le rôle de la mère est primordial. Mais si Marthe se laisse conduire à Jésus par Marie, elle sait bien que c'est de Jésus, le Fils du Père, que nous recevons Marie, comme Mère de Dieu et notre Mère, à la suite de saint Jean au pied de la Croix.

Marthe se savait l'instrument de Dieu en communiquant, sur son ordre, le vécu de sa vie intime. Elle se plaignait parfois à Jésus de devoir se livrer aux autres, d'où son exigence d'absolue discrétion de la part de ses scripteurs ou scriptrices et sa volonté de cacher jusqu'après sa mort ce qu'elle leur dictait. Le langage qu'elle utilisait lui paraissait inadéquat, car les images qu'il traduisait ne pouvaient exprimer l'expérience de sa vie, tellement mystérieuse à ses propres yeux. Jésus, il est convenable de le penser, la guidait par son Esprit pour qu'elle s'exprime dans un langage approprié.

J'ai délibérément choisi les textes de cette période où la présence de Marie est explicite, sans toutefois sortir cette présence de son contexte qui manifeste l'union, plénière et première, de Marthe à Jésus et à Dieu son Père.

Déjà au printemps de 1927, Marthe témoigne d'un appel prochain de Jésus :

> « Il me semble que Jésus me fait sentir, à cette heure, tout l'Amour et toutes les souffrances d'une vie entièrement livrée à son Bon Plaisir Divin et qu'il imprime très fortement en moi l'Amour des intimes douleurs de sa très sainte Mère et de sa Passion Rédemptrice, et que je ne les comprends même plus.
>
> On dirait que Jésus tient mon âme comme dans l'attente, comme en suspens de quelque chose qu'il connaît Lui seul. Je ne veux même pas y penser... Comme il voudra et tout ce qu'il voudra ! C'est si bon, si immensément bon de ne rien voir, de ne rien savoir, de ne vouloir que ce qu'Il veut Lui, sans amertume pour le présent et sans appréhension pour l'avenir.
>
> Jésus, que votre Esprit d'Amour garde et dirige en Maître infiniment Puissant le pauvre petit domaine de ma vie spirituelle et temporelle ramenée sans cesse à l'intérieur sous la dépendance toute maternelle de la Sainte Sainte Vierge et sous sa Souveraine et Divine Action, et qu'Il abonde en moi, toujours, Lui qui me conduit et me fait vivre et agir en Vous. » (2 mai 1927)

Dès ce moment, Marthe a conscience d'être sous la « souveraine et divine action » de l'Esprit de Jésus, dans « la dépendance toute maternelle de la très Sainte Vierge », « clouée de longues années, dira-t-elle le 6 avril 1930, sur mon lit de souffrance ». On sait qu'elles prendront fin le 6 février 1981.

Elle s'abandonne donc à Jésus seul, en se mettant tout de suite sous la conduite de Marie, en enfant tout aimante et comme «petite servante de la Servante du Seigneur». Pourquoi Marie ? « Au début, dit-elle, on ne sait pas bien ce que le Bon Dieu veut ; mais on fait confiance. La Sainte Vierge a dit aussi des «oui», en faisant confiance» (à un membre du foyer de Châteauneuf).

## *Abandon, immolation, mission*

Abandon, immolation, mission, voilà déjà, il me semble, les traits caractéristiques de la vie spirituelle de Marthe dès cette période d'éducation:

*Abandon*: elle prend pour ainsi dire l'initiative de vouloir se donner à Dieu, selon un désir pressant, à la suite de Thérèse de l'Enfant-Jésus;

*Immolation* : elle accueille au plus profond d'elle-même l'initiative de Jésus qui la veut comme Lui, sur la croix;

*Mission*: elle prend conscience de sa vocation de souffrir par amour pour le salut des âmes, de toutes, principalement les prêtres, vocation qui progressivement prend forme en elle de «foyer de lumière et d'amour».

De l'œuvre des Foyers, Marthe est comme l'architecte qui la conçoit en son esprit et son cœur. En 1936, elle demandera au père Finet, de la part du Seigneur, d'en entreprendre la concrète fondation.

Dans ce temps d'éducation spirituelle, il y a un certain ordre entre l'abandon, l'immolation et la conscience de la mission, mais ils ne sont pas à distinguer chronologiquement. Si son abandon à Jésus est davantage la caractéristique du début et si la conscience de sa mission se fait de plus en plus précise pour être parfaitement claire en 1933, son immolation est déjà en germe dans sa volonté de s'abandonner à Jésus. Dans les écrits qu'elle a dictés en 1927, elle entrevoit que Jésus la veut unie à Lui par un total sacrifice d'elle-même et qu'« Il imprime très fortement en moi l'amour des intimes douleurs de sa très Sainte Mère et sa Passion Rédemptrice. »

De Noël 1929 à la Toussaint 1932, Marthe dictera d'une manière continue le vécu de sa vie intime ; ce qui constitue un important volume d'écrits qui, comme les premières notes personnelles de 1927, ont été tenus cachés dans le placard de sa chambre, selon sa volonté, jusqu'après sa mort. Or dès le début de 1930, Jésus lui demande explicitement d'être, comme Lui, immolée sur la croix. Nous verrons que son immolation se fera de plus en plus intense dans un amour de Dieu et des hommes, sans cesse grandissant et s'approfondissant.

En 1933, Marthe s'ouvre à son père spirituel, l'abbé Faure, curé de Châteauneuf, de son désir d'une ébauche de foyers de charité par une école pour enfants. Jésus lui avait dit :

> Que l'on fasse sans tarder la première fondation, par la création d'une école pour enfants et jeunes filles, qu'il promettait, avec la très Sainte Vierge, de combler de son Amour.

Cette école s'ouvrira en septembre 1934.

J'ai voulu m'en tenir à la période de la conception du projet des « Foyers de Charité » – donc entre le 15 octobre 1925 et la Toussaint 1932. Abandon, immolation, mission, seront les trois thèmes de cet ouvrage qui permettra, je l'espère, de mieux comprendre « Marthe Robin sous la conduite de Marie. »

# I

# ABANDON

## *«Acte d'abandon à l'Amour et à la Volonté de Dieu»*

Après s'être «débattue avec Dieu», comme elle le dit humblement, Marthe rédige son «acte d'abandon à l'Amour et à la Volonté de Dieu», le 15 octobre 1925. De fait, il y en eut deux, écrits de sa main à des mois d'intervalle, mais notés à cette même date. Le premier suit presque littéralement le schéma, en l'adaptant à sa propre personne, de l'«acte d'abandon» du Père E. de Bouchaud, imprimé sur une image, en 1904, par les éditions Saint-Paul. Texte, bien de l'époque, où l'abandon est plus directement en regard de la Justice de Dieu que de sa Miséricorde.

Le 3 octobre 1926, première fête liturgique de sainte Thérèse de Lisieux, Marthe est à l'article de la mort et reçoit le sacrement des malades. Les médecins sont formels: «il n'y a plus rien à faire.» Peu après, elle eut trois «visites» de Thérèse qui l'engagea à la suivre dans sa mission d'amour dans l'Église. On comprend mieux pourquoi, après son premier acte d'abandon, elle en a rédigé un autre qui, tout en gardant le schéma du premier, est pleinement conforme à l'esprit de Thérèse. « On notera, dit judicieusement R. Peyret, que le mot 'Amour' revient cinq fois dans le premier texte et dix-sept fois dans le second ! Et elle ne parle jamais de 'Justice'. (...) Sainte Thérèse de Lisieux, le 9 juin 1895, a fait son acte d'abandon à la volonté de Dieu, mais elle redresse la tendance déviationniste de son époque. Pour la carmélite, 'l'essentiel n'est pas l'état de victime, mais la force du feu de Dieu qui consume un cœur et quand elle reprend le terme de victime d'holocauste, c'est pour l'accoler à l'Amour miséricordieux et non à la Justice. »[1]

---

1. R. Peyret, *Prends ma vie Seigneur* (La longue messe de Marthe Robin) Desclée de Brouwer, 2e édit. 1985, p. 49. Il cite ici le P. Jean-François Six, *Vie de Thérèse de Lisieux*, Seuil, p. 234.

Voici le texte du second «acte d'abandon» (15 octobre 1925):

DIEU éternel, Amour infini ! Ô mon Père ! Vous avez tout demandé à votre petite victime ; prenez donc et recevez tout... En ce jour, je me donne et me consacre à vous, tout entière et sans retour.

Ô le bien-aimé de mon âme, mon doux Jésus... C'est vous seul que je veux... Et pour votre Amour, je renonce à tout !

Mon Dieu, prenez ma mémoire et tous ses souvenirs, prenez mon cœur et toutes ses affections... Prenez mon intelligence et toutes ses facultés ; faites qu'elles ne servent qu'à votre plus grande gloire... Prenez ma volonté tout entière... C'est à jamais que je l'anéantis dans la vôtre.

Non plus ce que je veux, ô mon très doux Jésus, mais toujours tout ce que vous voulez ! Prenez-moi... Recevez-moi... Dirigez-moi... Guidez-moi ! A vous, je me livre et je m'abandonne ! Je me livre à vous comme une petite hostie d'amour, de louange et d'action de grâces, pour la gloire de votre saint Nom, pour la jouissance de votre Amour, le triomphe de votre Sacré-Cœur, et pour le parfait accomplissement de tous vos desseins en moi et autour de moi.

Ô mon Dieu, tout mon pauvre moi est à vous ! Faites-en, je vous en supplie, votre petite humanité de surcroît... Toute vôtre...Toute à vous... Toute pour vous... Votre ciel d'Amour sur la terre. Que je n'aie plus de pensées, de vouloirs, de désirs, d'intérêts, de joie et de souffrances que les vôtres. Détruisez en moi tout ce qui peut vous résister, vous gêner, vous déplaire... Consumez tout dans votre immense Amour, réduisez tout à votre aimable empire !

Plus de moi… Plus de mien… Plus de rien…Vous seul, ô mon Jésus. Rien que vous seul toujours ! Soyez vraiment ma vie, mon amour et mon tout !

Que je puisse dire en toute vérité : Mon moi, c'est Jésus, sa volonté, son Esprit, l'Amour infini, le Bon Dieu, le Dieu Saint qui vit en moi et s'exprime par toutes ses œuvres.

Que toute ma joie ici-bas soit de vous faire connaître bon comme vous êtes Bon, de vous aimer, de vous imiter, de vous offrir au nom et pour toutes les créatures.

Que ma vie soit la reproduction parfaite et incessante de votre Vie, la manifestation de votre Amour et la continuation de celle de Marie, Vierge et Martyre.

Que tout en moi exprime mon amour pour vous et que je sois toujours prête au sacrifice.

Ô mon Sauveur adorable ! Vous êtes l'unique possesseur de mon âme et de tout mon être ! Recevez l'immolation que, chaque jour et à tout instant, je vous offre en silence. Daignez l'agréer et la faire servir au bien spirituel et divin de tant de millions de cœurs qui ne vous aiment pas, à la conversion des pécheurs, au retour des égarés et des infidèles, à la sanctification et à l'apostolat de tous vos bien-aimés prêtres et en faveur de toutes les créatures.

Ô Jésus, prenez mon cœur, tout mon cœur, il ne demande et soupire de n'appartenir jamais qu'à vous seul ! Gardez-le toujours près du vôtre, gardez-le tout entier dans le vôtre, gardez-le à jamais pour le vôtre, afin qu'il ne se livre et s'épanche dans aucune créature.

Ô Jésus ! que mon cœur soit vraiment l'autel de votre Amour et que ma langue publie à jamais vos miséricordes ! Daignez, je vous en supplie, sanctifier toutes mes paroles, toutes mes actions, toutes mes intentions, tous mes désirs ! Soyez vraiment à mon âme son trésor et son tout ! A vous, tout ce que vous voulez et voudrez encore dans la suite. Je m'abandonne humblement à vous par Marie, ma bien-aimée Maman, en m'appuyant uniquement sur le secours de votre infinie Miséricorde et je vous promets la fidélité la plus sincère.

Plus rien de moi... Par moi... Pour moi... Je renonce à jamais à moi-même et à tout et me voue tout entière à la prière, à la souffrance, à l'Amour.

Ô divin Rédempteur ! En victime d'amour pour l'Église et les âmes, à vous je me livre et je m'abandonne ! Daignez, je vous prie, agréer favorablement mon offrande et je serai heureuse et confiante. Hélas ! C'est bien peu, je le sais, mais je n'ai rien de plus et je vous donne tout.

J'aime mon indigence et ma faiblesse parce qu'elles me valent toute votre Miséricorde et vos plus tendres sollicitudes.

Mon Dieu, vous connaissez ma fragilité et l'abîme sans fond de ma misère... Si je devais un jour être infidèle à votre souveraine volonté sur moi, si je devais reculer devant la souffrance et la Croix et déserter votre chemin si doux en fuyant le tendre appui de vos bras, oh ! je vous en supplie et vous en conjure, faites-moi la grâce de mourir à l'instant.

Exaucez-moi, ô Cœur très aimant de mon Dieu... Exaucez-moi par votre très doux Nom de Jésus, par l'amour de votre très sainte Mère, par l'intercession de saint Joseph, de saint Jean le bien-aimé et de tous les autres saints et par votre divine ardeur à accomplir en tout la volonté de votre Père.

Ô mon Jésus, divin soleil d'Amour ! Ô ma Voie, ma Lumière et ma Vie, je vous aime, je vous adore, je vous bénis, je m'abandonne à vous, je me confie à vous. Gardez-moi bien toujours toute vôtre, cachez-moi bien toujours tout entière en vous : parce que ma pauvre nature tremble et gémit sous le fardeau des cruelles épreuves qui l'enveloppent de toutes parts... Et que je suis seule toujours.

Marie, ô ma Mère chérie, donnez-moi vous-même à Jésus, offrez vous-même à Dieu cette petite hostie. Qu'il daigne venir habiter en elle, reposant en son cœur comme en son tabernacle. Pour demeurer, hélas ! il n'aura que ma misère ; mais il y trouvera du moins l'amour, la reconnaissance, la fidélité, la générosité, l'abandon, l'humble et joyeuse confiance pour le dédommager, consoler, réjouir, glorifier son Sacré-Cœur et lui donner des âmes, en union avec vous, ô ma si chère Maman.

« Vous seul, ô mon Jésus... Rien que vous seul toujours ! Soyez vraiment ma vie, mon amour et mon tout !... Que je puisse dire en toute vérité : Mon moi... c'est Jésus, sa volonté, son Esprit, l'Amour infini, le Bon Dieu, le Dieu Saint qui vit en moi et s'exprime par toutes ses œuvres. »

Nous sommes là au cœur de son «acte» d'abandon. Elle veut en tirer toutes les conséquences: «Que ma vie soit la reproduction parfaite et incessante de votre vie, la manifestation de votre Amour et la continuation de celle de Marie, Vierge et Martyre.» Il est remarquable que Marthe, en parlant pour la première fois de Marie, le fasse dans la pleine objectivité de sa foi. A l'inverse d'une dévotion mariale introvertie, qui replie le chrétien sur lui-même, Marthe s'engage à imiter la «Mère des Douleurs», toute à son Fils qui livre sa vie pour le salut du monde. Rien pour elle, tout pour Jésus, à l'exemple de Marie, «Vierge et Martyre». Si Marthe sait que, depuis son baptême, Marie lui a été donnée pour Mère, elle insiste auprès de Jésus, pour que son acte d'abandon soit fait certes «par Marie, ma bien-aimée Maman», mais non pas en se déchargeant sur elle de sa volonté de se livrer. Bien au contraire! C'est par la grâce et le secours de l'infinie Miséricorde de Jésus qu'elle se sent capable de s'abandonner humblement «par Marie». Bref, loin d'être écran entre Jésus et Marthe, Marie est le don accordé si miséricordieusement à la petite épouse qui veut se livrer le plus intimement possible à son divin Époux. Aussi bien, n'hésite-t-elle pas à conclure son acte d'abandon en se tournant vers la Mère de Jésus: «Marie, ô ma Mère chérie, donnez-moi vous-même à Jésus, offrez vous-même à Dieu cette petite hostie.» Seule, Marthe ne peut donner à Jésus que misère et péché; mais «en union avec vous, à ma si chère Maman, il y trouvera tous les trésors du cœur de la Bien-Aimée de Dieu: amour, reconnaissance, fidélité, générosité, abandon.»

## *La vie consacrée de Marthe : 1926-1929*

Il ne faudrait pas croire que Marthe, après avoir prononcé son « Acte d'abandon » à Dieu, vécut immédiatement comme sur une autre planète ! Chaque homme ou femme reçoit de Dieu une vocation d'intimité avec lui, qui laisse libre cours à son humaine liberté. Un novice prononce ses vœux de Religion pour la vie et les mettra en pratique, au fil du temps, bon an mal an. Marthe a fait un total acte d'abandon le 15 octobre 1925, mais elle vivra tout d'abord une vie contrastée, bien humaine en sa sensibilité et déjà d'inspiration surnaturelle en son esprit.

Ces années – 1926-29 – ont de l'importance pour mieux cerner la personnalité de Marthe. En effet, jusqu'au 2 février 1929, elle pouvait encore écrire de sa propre main. Ainsi elle entretint avec plusieurs de ses amies une correspondance suivie où elle manifestait le besoin de la chaleur de l'amitié. On perçoit le vécu d'une âme très riche de sentiments humains et sa volonté de partager son amitié avec chacune. L'une d'elles en témoigne : « A cette époque, Marthe était un peu délaissée... 'Vous viendrez me voir ?... C'est vrai que vous viendrez ?' m'écrivait-elle. Elle passait ses journées entières seule dans sa maison. Sa mère était aux champs. Elle avait peur. Lorsque j'entrais, s'il n'y avait personne, elle demandait : 'Qui est là ?' Elle disait : je ne sers à rien. »

D'une autre jeune femme qui la visitait souvent, venue la voir pour la dernière fois avant son entrée au couvent : « La séparation fut douloureuse. Marthe était assise au bord du lit, elle pleurait et me serrait dans ses bras » (avril 1927).

À une amie qui souffrait de graves rhumatismes, comme elle-même, elle aimait se sentir en symbiose jusqu'à se poser la question du pourquoi de la souffrance, en des termes où elle en appelle à Dieu pourtant si bon : « Il devrait avoir pitié de notre pauvre nature humaine si fragile. »

On sait que l'abbé Faure, curé de Châteauneuf en 1923, avait été très réticent à l'égard de Marthe, dès son arrivée. N'avait-il pas dit, selon un témoignage assuré, que « le jour de son ordination, il avait demandé au Seigneur de ne pas mettre de mystiques sur le chemin de son apostolat ? »

Leurs rapports au début furent tendus. En voici deux témoignages : Un jour pour l'encourager à s'ouvrir à son curé, une de ses amies, paroissienne de Châteauneuf, lui dit qu'il était très bon...très bon... « Oui, mais sa bonté, il doit la laisser derrière la porte en entrant ! » Même écho d'une autre amie « Monsieur le Curé a un cœur d'or sous une écorce de chêne, je le crains. Il ne me comprend pas toujours. » Elle pratiqua toute sa vie ce sens de l'humour où elle exprimait par une image plaisante ce qu'elle tenait à cacher de ses sentiments intimes.

À personne, dans sa conversation ou ses lettres, Marthe ne dévoila ce que le Seigneur ou la Vierge, sa « tendre Mère », lui inspirait dans le secret de son âme, au cœur de ses continuelles souffrances. La croix fut son lot quasi quotidien ; mais, concèdera-t-elle à une amie très chère : « sur la croix dans la joie, voilà à quoi je m'efforce » (fin 1928). Elle voudrait bien mettre en parfaite harmonie ses sentiments humains naturels et son désir surnaturel de s'abandonner à l'Amour de Dieu ! Marthe devient ainsi un modèle pour tous les chrétiens.

C'est précisément au printemps de 1927 que Marthe commence à recevoir du Seigneur des appels à vivre, d'une manière encore mystérieuse à ses yeux, dans un total et intime abandon à Lui. Voici une des premières « notes personnelles » qu'elle dicte, mais qu'elle veut, comme toutes les autres par la suite, garder confidentielles sa vie durant :

> Tout est bon de ce qui vient de Dieu et de ce qu'il veut de nous. Oui tout est bon... Tout est cher et doux à mon âme infiniment parce que c'est Lui qui le veut ainsi, Lui qui conduit tout. Je me réfugie dans son cœur unie à Marie ma Mère que j'aime tant et je n'en sors plus... Je sais que ce n'est pas Lui qui m'en chassera.
>
> Mon Dieu, je suis vôtre et tout en moi vous appartient! possédez-moi toujours et toujours davantage et plus pleinement chaque jour; et faites que je sois dans vos bras plus vôtre et plus donnée tous les jours et plus attentive pour connaître, comprendre et réaliser vos vouloirs éternels. (2 mars 1927)

Et le 2 mai 1927:

> Il me semble que Jésus me fait sentir à cette heure, tout l'Amour et toutes les souffrances d'une vie entièrement livrée à son Bon Plaisir Divin et qu'Il imprime très fortement en moi l'Amour des intimes Douleurs de sa très Sainte Mère et de sa Passion Rédemptrice et que je les comprends même plus. (cf. infra p. 20)

Le contraste est manifeste entre ce qu'elle écrivait à ses amies et ce qu'elle a commencé de dicter concernant sa vie intime avec Jésus et Marie.

Après la «mission paroissiale» prêchée par des pères Capucins en novembre 1928 – et sur leurs demandes – l'abbé Faure, déjà appelé «père» par Marthe qui le voulait comme son «père spirituel», commença de suivre assidûment son itinéraire, d'abord avec l'aide d'un ami, curé d'une paroisse voisine, l'abbé Perrier qui fait appel à un ancien professeur de Grand Séminaire, le père Betton, qui l'aidera à progresser dans le discernement de ses expériences mystiques. Marthe était maintenant tertiaire de saint François.

Le P. Faure recueillera sur 7 carnets ce que lui dictait Marthe ou qu'il entendit d'elle durant ses "passions hebdomadaires" à partir d'octobre 30 jusqu'à l'arrivée du P. Finet ou peu après. Mais dès Noël il confiera à Marthe des secrétaires pour recueillir, sous sa dictée, les nombreuses "notes personnelles" qui, à la manière d'un "journal", constituent ce qu'on peut appeler la période de son éducation spirituelle par Jésus, sous la conduite de Marie (Noël 1929-Toussaint 1932).

## *Abandon à Jésus, avec Marie, sa Mère bien-aimée*

À la fête de Noël et durant l'octave, Marthe contemple tout de suite l'Enfant-Dieu, nouveau-né, mais non pas seulement pour commémorer un événement passé. Aux yeux de Marthe, cette célébration annuelle ne cesse d'actualiser, pour chaque génération, la naissance de Jésus "en chacun de nous". Marthe fait sienne l'affirmation de saint Paul « Ce n'est plus moi qui vis, mais le Christ qui vit en moi » (Galates 2, 20). Elle se tourne alors vers Marie, sa « bonne Mère », pour demander à Jésus « de s'emparer de tout son être » :

> Noël pour moi, c'est la fête des fêtes, celle où le Ciel s'unit magnifiquement à la terre et où l'Enfant Dieu continue à se faire homme, à naître en chacun de nous, si nous le voulons..., si nous l'appelons. Réaliser ce beau miracle d'Amour, c'est connaître la Vérité, c'est la vouloir et vivre d'elle. Vous aimer beaucoup, vous aimer plus que tout, me fondre en Amour, c'est là mon rêve, daignez le réaliser pleinement, ô mon Seigneur et mon Dieu ! (Noël 1929)

> Ô Amour ! Ô Mystère ! Merveilleux Mystère : je vis en Dieu ce n'est plus moi qui vis, mais c'est Jésus,

mon Bien-Aimé Jésus qui vit en moi. Je ne comprends pas pleinement, mais je connais cette Joie, cet incomparable mystère !... À Lui en soit Toute la Gloire ! (26 décembre)

Je me sens de plus en plus attirée par la voie si humble, si parfaite de la Sainte Vierge... Il me semble comprendre que Jésus le veut ainsi. Apprenez-moi, Vierge Marie, à mieux pénétrer, à mieux comprendre les merveilleux mystères, les grandes leçons de la Crèche et du Calvaire... et demandez pour moi, bonne Mère, à Jésus notre Sauveur, notre Divin Rédempteur, de s'emparer de mon cœur, de s'emparer de tout mon être et de ne plus jamais rien me rendre. (31 décembre)

Très vite, Marthe se blottit dans les bras de sa Mère pour s'abandonner à Dieu en toute humilité et pureté.

Ô Vierge, ma tendre Mère, pour Jésus qui doit venir, rendez mon cœur humble comme une violette et blanc comme un lys très pur. Pour lui, pour vous, ô ma Mère, mettez du blanc, de l'humilité partout, dans tout mon être. Je veux bien tout ce que le Bon Dieu me donne, Tout ce qu'Il veut que je souffre pour son Amour. Et lorsque dans ma nature jamais assez crucifiée je sens venir un frémissement d'épouvante, je me blottis bien vite dans les bras si tendrement maternels de la Sainte Vierge et là sur son Cœur je fais bien doucement un acte d'amour et d'abandon aux trois Divines Personnes de la Sainte Trinité. (3 janvier 1930)

> De plus en plus je compte sur notre bonne Mère. Je suis entre ses mains, elle fera donc sans aucun doute ce qui sera le meilleur pour son enfant. Ô ma Mère, dites bien à Jésus que je donne tout, que j'abandonne tout, que je sacrifie tout pour mieux l'aimer ! (22 février 1930)

Il convient d'insister : c'est bien l'amour qui anime la volonté de Marthe s'abandonnant à Jésus au milieu de ses souffrances qui ne la quittent pas :

> De la douleur, de l'amour à plein bord, voilà ce que je désire. Ô ma bonne, ma douce Mère, demandez à Jésus de me garder bien unie à vous sur son Cœur adoré. Faites que je sois avec Lui, non seulement très aimante, mais folle, passionnée d'amour... Ô très humble, ô très douce Vierge Marie, faites que je sois un autre Jésus et que je l'imite en tout. Faites que je vous ressemble. Qu'il n'y ait pas une de mes actions, pas une de mes souffrances qui ne soit un acte d'amour. (25 février 1930)

Mère imitable, Marie est pour Marthe le parfait modèle. Elle sait que ce qu'on appelle les privilèges de Marie, particulièrement son Immaculée Conception et son Assomption, sont en relation directe avec sa vocation de Mère du Sauveur et notre Mère. La mission rédemptrice de son Fils fut, pour Marie, la première raison d'être de sa vie, ici-bas jusque dans sa gloire :

> Quelle arme toute puissante est le véritable amour de la créature pour son Créateur. Ô Jésus, mon Amour et mon Tout. Accomplissez en moi et par moi

votre souverain bon plaisir. Je ne mettrai aucune résistance à votre volonté sainte. Ô mon Maître adoré, vous m'avez tout demandé. Je vous donne tout et sans réserve.

Du berceau à la tombe, Marie a été unie à son divin Fils dans cette oblation de la volonté à la volonté du Père, oblation entraînant comme conséquence celle du corps. C'est donc le don total de l'âme et du corps qui est la suprême témoignage de l'amour. (22 mars 1930)

Assomption, jour de bonheur et de joie quand même que j'aie beaucoup souffert ce jour. J'ai renouvelé mon abandon et ma résolution : être toujours et sans réserve la véritable enfant de Marie, être dans toute la mesure du possible sa docile imitatrice, l'entourer et la faire entourer de respect, de tendresse et d'amour comme le demande Jésus. Je veux vivre filialement auprès d'elle en toute confiance et abandon sous ses regards protecteurs jusqu'aux suprêmes limites. Je l'aime tant la Sainte Vierge et pour lui prouver mon amour je dois donc rechercher à lui plaire en tout et la consulter intérieurement dans tous mes besoins et nécessités. Quel délicieux et émouvant modèle que Marie. C'est par Marie et avec Marie et en Marie que j'irai à Jésus et serai toute à lui. Si l'on savait de quelle délicieuse et intime union goûtent et jouissent les âmes qui vivent dans la compagnie de la divine Mère de Jésus, notre Mère.

Assomption, que ce nom est doux à ma petite âme. Quelle splendide et merveilleuse journée que l'Assomption dans le Ciel. Les anges ravis, pleins d'ardeur et de feu adorent dans un divin silence, frémissant d'allégresse et d'amour et admiration.

> En me remettant sans aucune réserve sous l'immortel refuge du cœur immaculé de Marie, j'y ai remis avec moi tous ceux que j'aime, tous mes parents, amis, bienfaiteurs, tous ses protégés – les deux paroisses – toutes les âmes, la France et toutes les âmes qui l'habitent, toutes les âmes du Purgatoire. J'ai la douce confiance que la divine et puissante Marie les enveloppera toutes de sa rayonnante assistance et de sa miséricordieuse charité. Louange et bénédiction soient rendues à la Vierge Marie sur la terre et dans le ciel. Vierge sainte, ma bonne Mère, apprenez-moi à bien obéir à l'adorable volonté de Dieu et que je ne me plaigne jamais de rien. Aidez-moi, soutenez-moi, soutenez-moi, je vous en prie, pour tenir les promesses que j'ai faites à Jésus. (1930)

Marthe aurait un moment voulu se faire carmélite. Sur son lit de souffrances, elle sait que, laïque consacrée, elle accomplit sa « mission » qu'elle ignore encore, mais qu'elle désire, « au sein des quatre murs de sa chambre ». Dieu fait en elle de grandes choses, elle chante le *Magnificat* avec Marie :

> En me faisant religieuse quand même que je ne faisais que suivre l'inspiration de mon âme, c'était en quelque sorte faire un peu ma volonté, réalisant mes plus chers désirs et le bon Maître ne voulait que l'abandon à ses desseins que j'ignorais. Je sais bien que ce qui nous vient de la seule volonté de Dieu sans que la nôtre y ait aucune part nous rend plus agréable à lui, si nous acceptons de tout notre cœur et avec amour. Moins il y a de nous, plus il y a de Dieu. La douce et pure soumission à la sainte volonté du Seigneur rend l'épreuve très méritoire... Je ne veux

> pas dire qu'en religion je n'aurais eu que repos et satisfaction. Oh non ! Les luttes et les tribulations ne sont nulle part plus grandes qu'au sein de quatre murs. J'en ai trop fait la longue et amère expérience : afflictions du corps, afflictions du cœur, afflictions de l'âme, tourments intimes, tourments intérieurs et extérieurs, souffrances et douleurs...
>
> Ce n'est pas de vivre dans un monastère ni de porter l'habit, pas même d'avoir prononcé des vœux (quoique tout cela soit parfait) qui importe, les saints désirs, les sentiments intérieurs, l'esprit d'amour sont seuls nécessaires. Je suis trop pauvre pour avoir des mérites et penser que je possède des vertus. J'aime mieux convenir que Dieu fait en moi de grandes choses et, avec la Vierge Marie, chanter le Magnificat à la gloire de Dieu. (20 septembre 1930)

Dans le temps liturgique de la naissance et de l'enfance de Jésus, Marthe ne veut pas oublier que déjà la Rédemption s'accomplit, son seul bonheur étant de rester cachée avec Dieu seul :

> La douleur fut le pain quotidien de la vie mortelle de Jésus et de Marie. C'est de vous, ô ma Mère comme de votre divin Fils que j'ai appris à souffrir. (3 janvier 1931)
>
> Vie intérieure toute cachée sous le doux regard de Marie à Nazareth. Ma bonne Mère, je vous donne mon intelligence pour qu'elle étudie vos grandeurs, ma mémoire pour qu'elle n'oublie pas vos bienfaits, toutes mes pensées pour qu'elles soient toutes à vous, mon cœur pour vous aimer toujours. Jésus, soyez ma force, soyez ma joie, soyez mon bonheur. Je suis de plus en

plus charmée, épouse de Dieu seul. Que je suis heureuse quand je ne suis qu'avec Dieu, lorsque rien n'interrompt mon seul à seul avec lui où je ne vis que d'amour, que par l'amour. Seule dans ma petite chambre, toute seule avec Dieu seul, alors que je répands mon âme dans le Seigneur. Douce à mon âme est la poésie de la solitude, le grand silence dans l'amour suprême, dans la douleur, le sacrifice et les divins baisers de Jésus, prémices des rendez-vous éternels.

D'où me vient cette soif de plus en plus ardente de lumière et de vérité, ce besoin de me rapprocher toujours plus de la Beauté de Dieu. Plus aucun calme, aucun repos, aucune joie ne peut plus entrer en moi autre que de Dieu seul. Tout m'est rien, tout m'est vain en dehors de Dieu. Tout me lasse.

Toi seul, ô Dieu, peux contenter mon âme. Aimer Jésus comme l'aimait Marie. Aimer Marie comme l'aimait Jésus. (6 janvier 1931)

Vivant déjà depuis au moins trois mois ses «passions hebdomadaires», Marthe, nous venons de le voir, est désormais tout abandonnée à Dieu. Ce n'est plus un désir d'abandon comme auparavant, mais une volonté d'y demeurer en victime toute aimante. Elle expérimente tous les jours davantage «l'art de souffrir» par l'amour de Jésus et de Marie. Elle en a pleine conscience, l'année d'après, en ce même temps de la Nativité :

Noël, Noël ! Quel spectacle divin. Marie et Joseph qui m'invitent à l'adoration près du cher berceau. Jésus ses deux petits bras tendus m'attirent toute à lui se suspendant à moi, Jésus qui me demande de rester avec lui : l'Amour qui se donne, l'Amour qui s'immole, l'Amour qui s'unit.

C'est un vrai bonheur d'enfant que j'éprouve à me blottir dans les bras maternels de ma Mère chérie, pour vivre en sa douce compagnie dans l'union et l'amour de Jésus sous les divins regards du Père. (Noël 1931)

## *La Petite servante de la Servante du Seigneur*

Mon Dieu, je suis la pauvre petite servante de votre Servante. Elle est ma Mère, elle est ma reine ; elle est ma maîtresse ; elle est mon modèle ; elle est mon étoile ; elle est mon soutien ; elle est ma force et mon refuge et, après elle et comme elle, je répète : « qu'il me soit fait selon votre parole » - "Fiat voluntas tua". Je vais à Celui qui m'invite.

Seigneur, mon Dieu et mon Tout, que par votre adorable amour et votre sainte grâce, mon cœur uni à votre Cœur soit chaque jour plus humble et plus doux, ma pensée plus profonde, ma volonté soit plus docile à la vôtre, ma prière plus fervente, mon amour plus surnaturel, plus divin. (22 janvier 1930)

Ce n'est pas seulement, de la part de Marthe, l'exaltation louangeuse à l'égard de la Mère de Dieu, c'est aussi et surtout une reconnaissance de son « néant » devant Dieu à la suite de Marie, l'humble Servante du Seigneur. Toute la vie de Marthe fut faite d'abandon à la volonté de Dieu afin qu'il agisse en maître absolu sur elle. Elle sait bien qu'elle a été comprise et même exaucée au-delà de ce qu'elle pouvait prévoir. Aussi bien, se sent-elle incapable d'imiter Marie, si elle-même n'est pas à chaque instant disposée à une humble obéissance de servante du Seigneur. Marie fut la Servante par excellence ; qu'elle vienne donc lui faire partager le continuel *fiat* de sa vie sur la terre, maintenant qu'elle est dans la gloire du ciel :

> La fièvre, la souffrance physique et morale agissent, je crois, très efficacement et très favorablement sur mon activité spirituelle ; et depuis cette nouvelle transformation, je pense aux âmes plus fort et m'unis bien mieux à elles en Dieu, priant plus qu'avant pour toutes et spécialement pour les âmes sacerdotales : pour les prêtres, missionnaires, religieux, ma vocation particulière, ma belle mission d'amour. Jésus ne fait rien sans utilité, et tout par amour ; et s'il m'envoie tous les jours de nouvelles douleurs, de plus grandes épreuves, c'est qu'il a en vue un bien que j'ignore. Vierge très pure et si belle, du sein de votre céleste gloire, aidez, je vous en supplie, votre humble petite servante à reposer amoureusement sur le Cœur de son Jésus, même si c'est la nuit, même s'il ne l'entend pas, s'il paraît m'avoir abandonnée... (16 février 1930)
>
> Aimer Dieu passionnément, l'aimer à la folie, l'aimer par-dessus tout, l'aimer plus généreusement tous les jours n'est pas assez pour mon âme. Je veux encore le faire aimer. Ce tendre Père, ce Dieu uniquement Bon sait combien avant toute chose sa petite servante désire que tous le connaissent et l'aiment comme un Père, que tous vivent et n'agissent que par lui, et se sentent comme moi près de lui de très pauvres petits enfants qui ont besoin de ses lumières, de ses encouragements, de ses conseils pour persévérer...

> Seigneur, je vous fais l'abandon complet de ma volonté pour ne plus penser que par vous et ne plus agir qu'en vous seul, en union avec mon Jésus par la divine protection de ma Mère, par amour pour la Trinité. Ô ma Mère, ô Immaculée Vierge Marie, vous dont la vie n'a été qu'un martyre et une lente agonie dans une perpétuelle ascension d'amour, aidez-moi à monter sans cesse dans la voie de la divine perfection non pas d'un seul coup, ni dans une vision d'extase, mais jour par jour, non pas suivant mes désirs, mais les desseins de la Providence. Et qu'ainsi conduite par vous, de clarté en clarté, jusqu'à la pleine lumière, je puisse voir dans toute sa captivante beauté la divine Charité telle que les tout petits ont besoin de la connaître pour y trouver avec le rassasiement de mes désirs, le secret de vivre et de mourir consumée par l'amour.
>
> Ô Vierge sainte, vous qui avez si bien conquis et captivé mon âme, gardez-moi maintenant tout entière et à tout jamais dans l'amour de votre divin Fils. (22 février 1930)

Être servante du Seigneur à la suite de Marie, c'est cultiver la petitesse, dans une sincère humilité :

> La petitesse est très agréable au Cœur de Jésus. Elle travaille sans bruit de la façon la plus simple et la plus modeste par un moyen tout surnaturel et bien traditionnel au triomphe universel de l'Église catholique et au salut des âmes : l'amour, la prière.
>
> Il faut être simple comme Bernadette ; si Dieu avait trouvé une âme plus petite, plus faible, il l'aurait probablement choisie.

> Voyons la Sainte Vierge, c'est plus son humilité que sa pureté sans tache qui lui a valu d'être Mère de Dieu.
>
> Ce que je suis : une très pauvre petite âme qui a pour cachet la simplicité. Ce que je veux : « aimer et faire aimer le Bon Dieu » de tous ceux qui n'ont pas comme moi le bonheur de l'aimer. (12 mars 1930)

« Aimer et faire le Bon Dieu », voilà l'expression chère à Thérèse de l'Enfant Jésus, que Marthe ne cesse de reprendre pour exprimer le même désir de se donner aux autres. Cet amour exige l'humilité de Marie, la Servante du Seigneur, pour un total abandon qu'elle désire pour elle-même :

> Il n'y a que l'amour qui compte et produit. Et aimer Dieu, c'est faire ce qu'il veut. La sainte Vierge Marie n'a pas fait autre chose, sa vie n'est qu'un "fiat", plein d'humilité et d'amour dans chacune des mille et une choses qui remplissaient ses journées...
>
> Ô Marie, ô ma bien douce Maman, obtenez-moi en ce beau jour du ciel l'abandon complet, l'abandon parfait, l'abandon plein d'amour à l'Amour. Que par vous, avec vous, en vous, Vierge très pure, j'aime, j'adore, je prie, j'expie, je supplie et souffre avec toujours plus d'amour. Que ma vie ne soit plus qu'un "oui" d'amour. Que je ne sois plus qu'une âme toute consacrée à l'Amour, à Jésus. (7 mars 1930)

Entrée, depuis octobre 30, dans son état de victime immolée par les mains du Seigneur, elle s'abandonne encore plus totalement à lui, mais lui demande protection contre les assauts du démon, par son Cœur qui fut transpercé, en s'appuyant sur l'humilité du cœur – lui-même traversé d'un glaive (annoncé par Syméon) – de sa Mère bien-aimée :

> Je m'abandonne aux desseins de Dieu sur moi ; à cette épreuve, à toute sa durée, même si elle doit être prolongée le reste de mes jours. J'ai confiance en Celui qui guide dans la Vérité.
>
> Pénétrée de mon impuissance et du peu que je suis, j'implore humblement votre divine protection. Ô divin hôte de mon âme, soyez mon soutien, inclinez votre Cœur vers le mien, étendez votre bras tout puissant pour me protéger contre l'infernal ennemi qui cherche toujours à séduire et corrompre.
>
> Marie, pleine de grâces, trésorière divine, donnez-moi la véritable confiance envers Dieu et l'humble défiance de moi-même. Ô ma Mère bien aimée, je me confie à vous. Pénétrez mon cœur de l'humilité, de la joie la plus naturelle. Ma Mère Marie, douce et humble de cœur, rendez-moi semblable à vous. Je suis une servante inutile, pénétrez-moi de ma nullité, de mon inutilité. (7 novembre 1930)

## *Cachée dans le Cœur de Marie Reine*

Après une année de crucifixions répétées, Marthe se sent à jamais unie au cœur de sa Mère. En la fête de la Nativité de Marie, elle proclame sa grandeur et sa puissance de Mère, Mère de Jésus et notre Mère, parce qu'elle fut la plus humble des créatures. Voici quelques passages de sa longue contemplation de la Vierge :

> L'intime union de nos vies ne va que, maternellement et filialement, se resserrant chaque jour, si bien

que le cœur si pur de la Sainte Vierge est devenu le cœur de son enfant. Ô délicieux mystère.

La très Sainte Vierge Marie est la bénie entre toutes les femmes, la Vierge élue entre toutes parce qu'elle fut la plus pure, oui peut-être ; mais surtout parce qu'elle fut la plus humble. Elle est devenue la Reine, du ciel, le modèle de tous les saints qu'après avoir été la plus parfaite, la plus douloureusement martyrisée dans son être intime. Étant née pour être l'auguste Mère de Jésus, elle devient aussi grande sainte qu'elle sut être sainte Mère. Elle eut le don de faire accorder la sainteté de sa vie à sa dignité de Mère de Dieu.

Que cette admirable et "adorable" créature qui fut si fidèle, si belle dans ses difficiles et délicieux devoirs nous soit chère au-dessus de tous les saints, non seulement quand sa fête rayonne au firmament de l'Église, mais chaque jour, à chaque instant. Je voudrais que sa spiritualité si parfaite et si simple, son obéissance de fille bien-aimée du Père, sa délicate prudence de Vierge, son tendre amour de Mère, sa pure affection d'épouse, sa gracieuse et suave bonté pour tous éclatent de toute part, afin que le monde sache que le surnaturel n'étiole pas les humaines affections, qu'il ne fait au contraire que développer, grandir, sanctifier et diviniser les merveilleuses qualités du cœur...

Belle de la beauté de Dieu, elle est féconde de la fécondité de Dieu. Sa splendeur incomparable extasie la vue en ravissant le cœur. (8 septembre 1931)

Exactement dans le même sens, le pape Jean-Paul II, s'appuyant sur le concile, montrera que Marie est Reine de l'univers parce qu'elle fut toute sa vie l'humble «servante du

Seigneur» à la suite de son Fils, le Serviteur souffrant, à jamais glorieux :

> La Mère du Christ est glorifiée comme «Reine de l'univers» (*Lumen gentium,* n. 59). Celle qui s'est déclarée «servante du Seigneur» à l'Annonciation est restée, durant toute sa vie terrestre, fidèle à ce que ce nom exprime, se confirmant ainsi véritable «disciple» du Christ, qui avait fortement souligné le caractère de service de sa mission : « le Fils de l'homme n'est pas venu pour être servi, mais pour servir et donner sa vie en rançon pour une multitude » (Mt 20, 28). C'est pourquoi Marie est devenue la première de ceux qui, servant le Christ également dans les autres, conduisent leurs frères, dans l'humilité et la patience, jusqu'au Roi dont on peut dire que le servir, c'est régner (*Lumen gentium,* n. 36), et elle a pleinement atteint cet «état de liberté royale» qui est propre aux disciples du Christ : servir, ce qui veut dire régner ! (n. 41)

C'est toujours à Jésus seul que Marthe s'abandonne, surtout comme enfant tout aimante et pauvre petite servante de la Servante. Hors du pouvoir de la Faculté, depuis longtemps, elle entre dans les sentiments de son divin Époux, en agonie au jardin de Gethsémani, lorsqu'il s'abandonne à son Père :

> « Ô profondeurs ! Abîme insondable des terribles exigences de Dieu. Oui. c'est très vrai, la voie la plus difficile est rendue facile par l'abandon et l'amour. Mais qu'on ne s'étonne pas si l'Amour a des exigences terribles, des douceurs écrasantes : "Je suis Celui qui suis." J'émonde le sarment, même lorsqu'il porte du fruit, afin qu'il en produise davantage.
>
> Que c'est bon quand l'âme agonise avec Jésus au noir jardin de Gethsémani ! Je ne demande donc pas la fin de cette épreuve ; je n'aime et ne veux que cette

nuit douloureuse si elle est la joie, le soulagement et la consolation de Jésus. Tellement certaine qu'Il a fait et fera toujours plus ma volonté (en fait, surtout d'amour pour lui et pour les âmes) en proportion de ce que je ferai la sienne, selon la parole de sainte Thérèse de l'Enfant Jésus. Je parle souvent d'elle. Elle est pour moi "une grande" sœur intime dont la doctrine toute d'amour fut si bienfaisante à mon âme, à l'époque des grandes ténèbres et de la non moins grande solitude où je me trouvais. Sa vie, *Histoire d'une âme*, ouverte quelques fois au hasard, me donnait des solutions pleines de lumière et d'à propos. » (9 octobre 1931)

Ne cessant de vivre la Passion, la Mort et la Résurrection de Jésus, chaque semaine, elle veut toujours s'abandonner à Dieu et ainsi «tout me refuser pour tout obtenir». Dans ces dispositions elle prie ardemment pour la guérison de son cher papa, chrétien mais non pratiquant (il décédera le 23 juin 36). Et elle en appelle à sa Mère :

Seigneur mon Dieu, je m'abandonne entièrement par Marie ma Mère bien-aimée à votre volonté adorable. Tirez vous-même de votre très pauvre petite chose tout le bien, tout l'amour, toute la louange et toute la gloire que vous désirez...

Ô divine Charité ! jetez sur mon père malade ce même regard d'amour que vous avez laissé tomber sur l'âme de Magdeleine et sur nous tous pécheurs quand vous agonisiez sur la Croix. Ô Verbe de Lumière et de Vérité, révélez-vous à son âme. Qu'elle vous cherche, qu'elle vous désire, qu'elle vous voie, qu'elle ait soif et faim de vous son Bien suprême, afin que par une

> faveur toute spéciale de votre infinie Charité et en vertu de sa vie laborieusement remplie de toutes ses souffrances morales et physiques, de tout le bien qu'il a pu faire, il ait la joie de vous connaître, de vous aimer, de s'unir à vous et mérite d'aller un jour vous contempler, vous bénir de vos grandes miséricordes dans l'éternelle Patrie de l'Amour.
>
> Que faire, que donner, que promettre pour cela ? Ne rien refuser à Dieu, tout me refuser pour tout obtenir. Ô bonne Mère, vous si bienfaisante, si compatissante et toujours si maternellement disposée en faveur de vos pauvres enfants de la terre. Ne restez pas insensible à la poignante détresse, à la pure tendresse de votre enfant ; penchez-vous sur son si cher papa pour le soulager, le guérir. Descendez jusqu'à lui, parlez à son âme, ô Mère la plus tendre, aidez-la à aimer et elle s'ouvrira à un vrai et fécond repentir. (28 mars 1932, lundi de Pâques)

C'est l'amour qui presse Marthe de monter de Gethsémani au Calvaire, où elle se laisse immoler par Jésus pour vivre de lui et en lui « par Marie » jusque dans la Trinité :

> La petite épouse du divin Crucifié n'a pas le droit de craindre la mortelle agonie de Gethsémani et les "ensanglements" du Calvaire. Aujourd'hui je n'ose même pas dire : Seigneur, augmentez mon amour afin que je sache féconder ce grand don de la souffrance que vous m'avez confié ; augmentez mon amour, afin que je vous aime autant que vous m'aimez, tant il m'est donné d'aimer plus ardemment toujours, tant mon cœur se dilate, tant mon âme s'immerge, se délecte dans la Divinité.

Je vis de Jésus, en Jésus, par Marie, et dans la Trinité ! Jésus est l'âme de ma vie, la vie de mon âme, et c'est par l'union et l'amour dans la communion parfaite d'existence avec lui que je puis tout aimer, tout souffrir... et tout taire.

C'est si bon de n'avoir qu'une réponse à toutes les douleurs, qu'un chant de reconnaissance dans toutes les agonies : Mon Dieu, mon Jésus, je vous adore et je vous aime. Ô ma Trinité, je me perds en vous. Mes souffrances sont physiques, elles sont morales, elles sont plus encore cet amour consumant, cet amour de feu et de folie, ce supplice tout divin, parce que si pleinement délicieux.

Ô Père infiniment doux ! Ô Mère la plus tendre ! donnez-moi Jésus sans cesse, car c'est sans cesse que j'ai besoin d'une place dans son Cœur. (29 mars 1932).

Marthe, en parfaite chrétienne, a réalisé ce que recommande le pape dans son encyclique *La Mère du Rédempteur* : (n. 45)

> En se livrant filialement à Marie, le chrétien, comme l'apôtre Jean «reçoit parmi ses biens personnels», la Mère du Christ et l'introduit dans tout l'espace de sa vie intérieure, c'est-à-dire dans son «moi» humain et chrétien : «il l'accueillit chez lui». Il cherche ainsi à entrer dans le rayonnement de «l'amour maternel» avec lequel la Mère du Rédempteur «prend soin des frères de son Fils» (*Lumen Gentium*, n. 62).

# II

# IMMOLATION

## *Le sacerdoce royal de Marthe*

« Les fidèles, de par le sacerdoce royal qui est le leur, concourent à l'offrande de l'Eucharistie et exercent leur sacerdoce par la réception des sacrements, la prière et l'action de grâces, le témoignage d'une vie sainte, et par leur renoncement et leur charité effective » (*Lumen Gentium*, n.10). Voilà comment le dernier concile définit le sacerdoce des fidèles, en distinction du sacerdoce ministériel du prêtre ; ce dernier est un sacrement spécifique au service du sacerdoce universel des baptisés.

Marie, la Mère de Dieu, fut le modèle unique et suréminent de ce sacerdoce royal ; elle l'exerça jusqu'au martyre de la Croix en Mère des douleurs, unie au Souverain Prêtre, le Christ, son Fils.

Marthe en fut, au cœur de l'Église, une parfaite disciple. Pendant plus de cinquante ans, avec la Mère des douleurs, sa

Mère chérie, elle s'offrit à Dieu seul, victime dans la grande Victime, Jésus, son Époux.

Nous allons entrer dans le secret le plus intime de Marthe, jardin scellé dans lequel personne n'a jamais pénétré de son vivant, à l'exception de ses deux pères spirituels, le P. Faure d'abord, son curé, puis à partir de 1936 jusqu'à sa mort, le P. Finet.

D'une manière plus extérieure, Marthe livra l'intime de son âme à ceux qui écrivaient sous sa dictée, mais qui étaient tenus à un rigoureux secret exigé, avec gentillesse mais fermeté, par Marthe elle-même. Cette crainte de se dévoiler à l'extérieur, même à sa propre mère, fut une règle de vie qu'elle n'a jamais enfreinte. Mais, comme le disait l'archange Raphaël à Tobie, il y a le temps du secret et celui de le révéler : « Il est bon de tenir caché le secret du Roi, mais les œuvres de Dieu, il faut les célébrer et les révéler. Célébrez-les comme elles le méritent » (Tb 12, 7). Autant du vivant de Marthe, le secret de son immolation devait être absolu – et combien elle y tenait ! –, autant, désormais, il convient d'admirer l'immense œuvre d'amour et de rédemption que Dieu, Père, Fils et Saint Esprit, a réalisée en elle, sur le modèle et par la médiation maternelle de la Mère des douleurs.

Parlant de Marie debout au pied de la Croix, Jean-Paul II montre comment Marie est le modèle parfait :

> Au pied de la Croix,... comme est puissante l'action de la grâce dans son âme, comme est pénétrante l'influence de l'Esprit Saint, de sa lumière et de sa puissance ! Par une telle foi, Marie est unie parfaitement au Christ dans son dépouillement. En effet, « le Christ Jésus,... de condition divine ne retint pas jalousement le rang qui l'égalait à Dieu. Mais il s'anéantit lui-même, prenant condition d'esclave, et devenant semblable aux hommes » : sur le Golgotha justement, « il s'humilie plus encore, obéissant

> jusqu'à la mort, et à la mort sur une croix ! » (Ph 2, 5-8). Au pied de la Croix, Marie participe par la foi au mystère bouleversant de ce dépouillement. C'est là, sans doute, la « kénose» de la foi la plus profonde de l'histoire de l'humanité. Par la foi, la Mère participe à la mort de son Fils, à sa mort rédemptrice... (*Redemptoris Mater,* n.18)

C'est par son initiative personnelle, sous la motion de l'Esprit bien sûr, que Marthe a voulu s'*abandonner* à Dieu, comme Jésus à *Gethsémani.* Tel fut son «acte d'abandon» de 1925. Dieu l'a pour ainsi dire prise au mot. Aussi bien dès l'année 30, tout en réitérant ses actes d'abandon, se laisse-t-elle saisir par Jésus qui avait saisi Marie sur le Calvaire, ce qui s'accomplira à la lettre au mois d'octobre de la même année et jusqu'à sa mort en 1981. Mais ce ne sera jamais sans la paix et la joie. Aucun masochisme de sa part. Jésus la conforme à lui progressivement et Marie la soutient maternellement dans l'action divine qui la crucifie :

> Je crois que nul ne sait vraiment ce que c'est que la paix, ce que c'est que la joie, tant qu'il n'a pas passé par le creuset de la souffrance. Nul ne sait quelle ressource, quelle surhumaine allégresse donne le repos dans la volonté de Dieu, même crucifiante. Ce n'est pas encore la béatitude, mais c'est déjà quelque chose d'infiniment meilleur que tout ce que l'on rencontre ici-bas. C'est la félicité de l'amour.
>
> Ô ma très bonne, ma très douce Mère, prenez ma volonté, je vous la donne, unissez-la à la vôtre qui est aussi celle de Jésus, afin que, comme vous, je me prête de toute mon âme à chacun des desseins de Dieu. Aidez-moi à acquérir une grande ardeur pour le bien, la générosité dans le sacrifice, l'amour dans la souffrance et daignez prier Jésus de me dire, de la manière qu'il lui plaira, s'il est content de sa petite victime...

> Ne nous créons pas nos souffrances, mais quand, par permission ou par ordre de Dieu, elles se présentent : comme Jésus, comme Marie, avec Jésus, avec Marie, par Jésus et Marie, portons-les noblement vaillamment, avec amour et en silence ; la douleur gémissante, bruyante manque d'honneur et de dignité.
>
> Souffrir est grand à la condition de souffrir saintement ! La souffrance prend la valeur que lui donne celui qui la souffre, elle pourrait, hélas et c'est malheureusement trop fréquent, n'en avoir aucune. De grâce, que nous souffrions peu ou beaucoup, ne souffrons pas pour rien, c'est trop triste, immensément. Souffrons pour Dieu et pour les âmes. Souffrons en paix et par amour. (7 janvier 1930)

La paix et la joie dans la souffrance, voilà sa part «enviable» de malade, en se donnant totalement à sa tendre et bonne Mère :

> Oh que je souffre, et dans tout mon être ! Mais l'amour parle encore plus fort, plus haut que la souffrance. Il y a même plus de joie, plus de paix dans mon âme ces derniers temps. Donc plus de force. Quelle paix, quelle douce et divine paix en moi !
>
> Mon Dieu, je vous aime. Ô Jésus, je vous remercie pour tant de joies, tant de saintes émotions que vous avez mises en mon âme aujourd'hui. Ce matin, je pensais : Ah ! si l'on connaissait tous les mystères de la chambre du malade, on n'oserait ni le plaindre, ni s'apitoyer sur son sort, on envierait la part qui lui est faite...
>
> Je suis toute à vous, ô ma tendre et bonne Mère, et tout ce qui est en moi, tout ce qui est à moi, tout ce

qui est moi, vous appartient, puisque je suis votre enfant. Offrez tout, offrez-moi à Jésus, mon Seigneur et mon Dieu. (17 janvier 1930)

Marthe se sait transformée par Jésus et c'est dans l'Eucharistie, où elle trouve unis, comme au Calvaire, le Cœur de Jésus et celui de Marie, qu'elle exerce son sacerdoce royal :

Jésus m'a refaite en lui et uniquement pour lui seul. C'est comme une vie nouvelle. Je suis avide, j'ai vraiment faim et soif de travailler pour l'amour et la gloire de Dieu, pour la divine royauté du Cœur eucharistique de Jésus et de Marie Immaculée, non que je puisse compter et que j'aie le droit de compter sur beaucoup d'œuvres extérieures, mais l'apostolat de la réparation, de la prière et de la souffrance, le silence du renoncement et de l'amour en tout.

Notre-Dame du Bon Secours, priez pour moi et inspirez beaucoup d'âmes généreuses à prier pour moi, ô ma si chère Mère.

Que toutes mes journées soient à Dieu et pour Dieu seul ! Seigneur, augmentez ma foi, donnez-moi plus de vie, plus d'élan, plus d'amour. Faites que j'agisse toujours sous l'influence directe de l'Esprit Saint et selon mes plus chères convictions.

Ô Dieu d'Amour, découvrez-moi, dans la mesure du rapport avec ma faiblesse, les splendeurs de la vie surnaturelle, les beautés achevées de votre perfection, les grandeurs incomparables de votre humilité, les adorables délicatesses de votre douceur, les exigences heureuses de votre Charité, les merveilles cachées et les précieux avantages de la croix, les affinités de la grâce, les sommets sublimes de la vertu, les délices de l'intimité eucharistique. (10 février 1930)

## *Elle s'immole pour le règne de l'Amour*

Déjà engagée dans la Passion de Jésus qui lui donne confiance en ses propres souffrances, sa délicate sensibilité fait saigner son cœur dans une circonstance où elle se croit responsable de la maladie de son père spirituel, son curé ; d'autant que celui-ci avait mis du temps pour accepter cette fonction. Redisons-le : l'abbé Faure, le jour de son ordination, avait « demandé au Seigneur de ne pas mettre de mystiques sur le chemin de son apostolat ! » Il est intéressant, pour mieux saisir l'intime relation de Marthe avec son divin Époux, de méditer ce cas précis où elle souffre de surcroît, en s'immolant pour le règne de l'Amour. Elle en appelle à sa Mère pour se pencher sur son cher malade :

> Si je considère Jésus souffrant, mourant pour nous, une vertu sort de lui et me remplit de confiance, et, comme lui, j'aime et je suis heureuse dans la souffrance.
>
> Mon cœur saigne, brisé et déchiré, de part en part. J'ai cru mourir sous le coup de la triste nouvelle. Un poignard a traversé mon cœur. Ô mon bien-aimé Jésus, vous vouliez encore cette nouvelle épreuve en nouveau témoignage à mon amour.
>
> Mon cher père spirituel est très souffrant, m'a-t-on dit... et par ma faute, j'en suis sûre, puisque c'est pour moi, pour mon bonheur surtout, qu'il a dû faire ce long et pénible parcours de l'église jusqu'ici, cause presque certaine de sa maladie.
>
> Mon Dieu, si je suis cause, mais bien involontairement, de son mal, ne ferez-vous pas que je souffre pour lui, ne m'enverrez-vous pas un nouveau calice, une plus lourde croix pour sa guérison, il est cependant si nécessaire, si utile à sa paroisse.

J'ai péché contre vous, ô mon Dieu, et tout péché pour être pardonné demande expiation. Doux Jésus, ne me regardez pas avec toute votre colère, je me jette dans vos bras, je me livre à vous... je veux réparer.

Oh, mais pourquoi demander, supplier plus longtemps ? N'était-ce point déjà la divine réponse, ce glaive transperçant mon âme ?.. Ô mon Jésus, "fiat" et merci.

Ô mon Amour et ma Vie, vous savez que pour lui comme pour les chers miens, je donnerais tout, je donnerais ma vie pour leur bonheur. Cependant bien que l'aimant toujours davantage et que me faisant connaître et me découvrant à lui bien mieux qu'autrefois, je vois que j'en suis de moins en moins comprise et aimée.

Ô mon unique et très cher Ami, c'est vous qui désirez et vouliez l'union de nos âmes dans cet abîme infini qu'est votre divin Cœur. Me suis-je donc trompée, aurais-je été dupe de mon imagination... "Fiat", non pas ma volonté, mais la vôtre, Seigneur.

Divin Créateur, union des âmes et des cœurs qui vous aiment, si le prêtre que j'ai cru m'avoir été donné pour guide, pour directeur spirituel, veut de sa volonté briser les liens sacrés scellés par vos mains divines, pour des raisons que j'ignore, pardonnez-lui, ô mon Jésus. Pardonnez-lui, pour son activité, sa générosité à votre service, son admirable et inlassable ardeur à vous aimer et à vous faire aimer et pour le bien spirituel de sa pauvre paroisse sur laquelle vous m'avez promis de triompher, de régner un jour, malgré l'indifférence et l'indignité de certaines âmes, malgré la lutte acharnée de vos ennemis, malgré la rage et les efforts de Satan, malgré l'apparence et les oppositions actuelles.

> Seigneur Jésus, guérissez son corps, vivez en lui, agissez en lui, avec lui toujours, donnez-lui, donnez-nous la joie de contribuer pour une large part à votre règne sur ce petit coin de France, sur toute la surface de la terre et jusque sur les points les plus reculés du globe, et de vous faire beaucoup aimer en vous aimant plus que les autres. Divin Médecin des corps et des âmes, rendez, je vous prie, la santé à mon père spirituel. De toute sa personne, mais surtout de son âme, je vous en supplie, ô mon Jésus, prenez-en bien soin. Ô Mère si bonne, penchez-vous, s'il vous plaît, sur ce fils de votre tendresse, posez sur son front en sueur votre main guérisseuse, et votre pauvre petite enfant sera aussitôt consolée.
>
> Néanmoins je confesse très humblement qu'un coup imprévu n'est plus pour moi un événement extraordinaire. La douleur s'affirme chaque jour de plus en plus torturante, de plus en plus crucifiante pour mon âme, mon cœur et mon corps. Heureuses souffrances, source de suavités célestes, force et joie de l'esprit, délices de l'âme qui sait donner à Dieu l'amour pur, l'amour vrai, l'amour complet, l'amour éternel et qui sent en elle le besoin d'aimer toujours plus, d'aimer jusqu'au sacrifice suprême, jusqu'au martyre!... (12 février 1930)

J'ai cité ce texte parce qu'il exprime bien les liens spirituels qui existaient entre Marthe et le P. Léon Faure, curé de Châteauneuf. Logeant au presbytère pendant ma première retraite au Foyer, fin 1945, j'ai pu recueillir de lui son témoignage sur Marthe. C'est en octobre de l'année 1928 que, sur les conseils des pères Capucins venus prêcher une mission dans la paroisse, l'abbé Faure accepta de devenir son directeur spirituel et, ensuite, de s'occuper d'écrire, sous sa dictée, ce qu'elle désirait. L'abbé Faure connaissait donc bien l'expérience mariale de Marthe. Si, au début, il fut si réservé à son égard comme directeur spirituel, ce fut par prudence et sagesse, lui qui craignait tant le faux mysticisme. Quand je l'ai rencontré, il m'encouragea vivement à la revoir et à l'écouter.

## *« Ma croix, c'est la vie. »*

Marthe souffre, mais elle se réjouit de ne vivre que de la Croix de son « divin Maître et Seigneur Jésus » et elle supplie sa « bien douce Mère » de l'aider à marcher continuellement sur ses pas :

> Oh ! oui, laisser faire Jésus. Lui laisser élargir tous les jours la sainte blessure de l'amour. Soit qu'il le fasse d'une façon directe, soit qu'il se serve de la main quelquefois si cruelle du prochain ou même, ce qui est plus terrible encore, des griffes épouvantables du démon...
>
> Rien n'est capable de me réjouir si ce n'est la Croix de mon divin Maître et Seigneur Jésus...
>
> Que sont les joies, les honneurs, les richesses, les satisfactions de la terre même accumulées, pour l'âme qui regarde le ciel.
>
> J'éprouve une bien plus grande joie à me sentir sous les pieds de tous et dans le dénuement de toutes choses pour l'amour de Dieu qu'au-dessus d'un seul.
>
> Que sont tous les vains discours des hommes ? Qu'est donc le monde ? Que sont toutes les merveilles du monde à côté d'une seule parole du Seigneur, comparée à la beauté d'une âme consacrée à l'Amour ?

> Il y a des souffrances plus cruelles que la mort pour les âmes attachées à Dieu et totalement résolues à bien faire. C'est surtout la crainte continuelle de pécher, la violente tentation au mal et la terrible angoisse de se sentir éloignées de Dieu. Or tous ces maux extrêmes le Seigneur a résolu dans Sa tendresse qu'ils fondent sur sa petite servante.
>
> Ma croix, c'est la vie! Je n'aspire qu'au ciel...
>
> Ô ma bien douce Mère, priez, je vous en supplie, pour que je marche très vite mais très humblement, sur les pas de Jésus, sans plus jamais m'arrêter. (14 février 1930)

Marie, associée intimement au Christ sur le Calvaire, est son modèle parfait en son état de victime immolée.

> Lorsque nous avons fait vœu d'abandon à l'Amour, ne tardons plus à réaliser jusqu'au plus parfait accomplissement ce divin idéal.
>
> Ainsi vécut la Sainte Vierge, elle qui demeurera jusqu'à la fin mon vivant et incomparable modèle : "Ma Maman". Quand je la prie, quand doucement je l'appelle, je crois la voir se penchant avec tendresse sur l'enfant qui jusqu'à son dernier jour sur la terre doit marcher sur ses traces, petite victime cachée dans la grande Victime du Calvaire et petite hostie de la grande et divine Hostie pour les âmes. (28 février 1930)

Cependant Marthe sait que si elle prend l'initiative de s'abandonner, sous la motion du Saint Esprit certes, c'est Jésus seul qui prend l'initiative de l'immoler sur la croix. Aussi bien supplie-t-elle en même temps Jésus et Marie d'agir ainsi, pour la conversion des pécheurs :

> Ô Amour infini, blessez-moi de vos traits. Ô mon Jésus, je m'offre en holocauste perpétuel et comme une victime d'amour. J'unis ce sacrifice au vôtre, au sacrifice de la Croix. Je m'engage à rester toujours crucifiée avec vous, à ne vouloir jamais que votre volonté sainte. Je vous demande, ô doux Sauveur, la conversion des pécheurs. Me voilà prête à tout en vue de leur salut et pour la confirmation de la foi.
>
> Ô mon Dieu, c'est au nom de votre Amour, de votre Cœur, au nom de votre Passion et de votre Mère bien-aimée que je vous fais cette prière. Et vous, âmes rachetées par le sang de Jésus, ô pécheurs, venez à ce Cœur, venez à la fontaine, à l'océan de l'Amour. (12 mars 1930)

Elle renouvelle son offrande sacerdotale en mémoire du mystère pascal et en l'honneur de la Vierge et des saints en vue, par ses souffrances supportées par amour, d'arracher à l'enfer ne serait-ce qu'une seule âme :

> Trinité Sainte, recevez cette offrande que je vous renouvelle un nombre infini de fois tous les jours. Je vous la présente en mémoire de la Passion, de la Résurrection et de l'Ascension de Notre-Seigneur, ensuite en l'honneur de la bienheureuse Marie toujours Vierge, des bienheureux martyrs et de tous les saints. Puisse cette oblation servir en l'honneur et pour la gloire de son saint Nom, pour mon utilité et celle de la sainte Église...
>
> L'Amour de Dieu me dévore ! Il me semble que je suis de plus en plus enchaînée à Dieu par l'amour. Ma vie est une croix, mais une croix d'amour, une croix

de délices puisque souffrir avec Jésus n'est déjà plus souffrir.

J'ai tant souffert tous ces jours que j'ai vraiment cru que Dieu allait enfin me rappeler à lui et que l'heure tant désirée était bien près de se réaliser. Cependant je demeure, vivant de mon Dieu et me consumant pour lui ! Je me sens étrangère en ce monde et si loin de Jésus, si loin du ciel à cause de la vie qui m'est laissée, qui m'en ferme la porte. Je suis crucifiée entre le ciel et la terre, mais c'est pour mon bien. Souffrir toujours autant, souffrir encore longtemps n'est rien, si je puis ainsi arracher des âmes, même une seule âme à l'enfer.

Tout m'est et me sera doux, pourvu que Dieu règne et soit aimé.

Ô bon Jésus, ne permettez pas qu'on voie, qu'on ait connaissance de ce que je souffre et plus encore ma chère maman.

Ô mon tendre Ami, laissez-moi me taire et me perdre en vous seul dans le silence et l'amour. Soyez ma force et ma confiance, ô Jésus, je suis à vous! (20 mars 1930)

## *Elle vit de l'Eucharistie*

Cette confiance en Jésus l'a profondément stimulée ; il est pour elle l'Ami, l'Époux et même «le Père qui veille à tout et qui pour nous fait tout», comme il le fut pour les Apôtres et même pour la Vierge qui à partir de Cana fut la «Femme», Nouvelle Ève à la Croix, notre Mère. Car Marie n'est qu'une simple créature comme nous, rien de plus :

Quand on a Jésus vivant avec soi, près de soi, en soi, que peut-on craindre ? La vertu, les actes les plus

> difficiles, les plus pénibles, les sacrifices les plus déchirants, les souffrances les plus cruelles n'en sont même plus, quand on a près de soi et pour soi Jésus ! Jésus est pour le cœur l'Ami qui partage tout, pour l'âme l'Époux qui se charge de tout, le Père qui veille à tout et qui pour nous fait tout.
>
> Les Apôtres n'eurent rien de plus que nous. La Sainte Vierge n'eut rien de plus. Ah ! sans doute elle le voyait et le possédait d'une manière ineffable, mais ce Jésus qui était sa joie et son amour est aussi le nôtre.
>
> Ô ma Mère, faites de moi comme vous avez fait de tant d'âmes privilégiées une âme eucharistique, une petite hostie pour Jésus.
>
> Ô Jésus, vous m'êtes tout en tout, mais particulièrement dans votre agonie au jardin de Gethsémani, dans vos délaissements au Calvaire, dans vos anéantissements dans l'Eucharistie. (5 avril 1930)

La communion sacramentelle lui donne en effet une force immense. C'est chaque fois pour elle un événement qui la ravit hors d'elle-même, mais elle ne veut pas que cela soit un événement extraordinaire. Écoutons-la :

> Ô Jésus c'est vous ! A votre entrée dans ma chambrette, je suis tout inondée de célestes joies ! Ô Jésus, je ne suis pas digne que vous veniez à moi.
>
> Après les touchantes paroles de mon père spirituel je dis encore : Jésus je ne suis pas digne que vous vous donniez tout à moi, mais dites seulement une parole et mon âme sera guérie. Jésus doit la prononcer cette parole car je le sens et quand mon père prend la divine hostie et l'élève à portée de mes yeux en prononçant les saintes paroles, alors mon cœur se fond,

> mes yeux contemplent, ravis par un pouvoir qui est hors de moi, je sens que mon âme voudrait s'échapper de mon enveloppe. Mais Jésus a pitié de sa petite victime exauçant ses prières et ainsi ne permettant pas qu'il ne se passe rien d'extraordinaire...
>
> Je suis bien clouée à la Croix; mais c'est avec Toi, ô divin Crucifié. L'amour est le puissant levier qui soulève de terre! (12 avril 1930)

Depuis le début d'octobre 1930, Jésus est venu imprimer les plaies de sa crucifixion sur le corps déjà si endolori de Marthe. Elle confiera au P. Finet que Jésus lui avait dit: «Je te veux comme Moi». Bien qu'elle n'en parle pas aussi explicitement dans ses notes personnelles, on le devine bien, car depuis lors, elle se déclare comme anéantie par des souffrances nouvelles. Marie, sa bonne Mère, qu'elle sait si intimement associée à la Passion et la Mort de Jésus, est donc en mesure avec son Fils de l'accompagner et de la maintenir sur la Croix:

> Je n'ai ni qualité, ni force, ni courage. Je ne suis qu'imperfection, que faiblesse. J'ai Jésus pour soutien, pour voie, pour vie, pour consolation et espérance.
>
> J'éprouve des douleurs très vives de toutes parts, principalement dans la tête, l'estomac et le dos. Sans Jésus ce serait intolérable; avec lui je dis: "fiat" et merci, alors tout m'est doux et bon.
>
> Jésus possède toute ma bonne volonté, toute ma faiblesse; j'ai confiance en son appui. Je souffre mais j'aime et je crois. Je dois souvent prendre mon cœur à deux mains pour ne pas ployer complètement, les souffrances succèdent aux souffrances, l'amour triomphant et plus fort succède à l'amour, toujours.

Jésus me demande de ne point trembler, ni craindre. C'est pourquoi, ô mon âme, ce Dieu si aimé ne t'écrasera jamais d'une croix trop lourde à porter. La confiance absolue est la base de tout.

Sur la Croix, missionnaire d'amour, calice pour contenir l'amour aux bords trop pleins, pour déborder sur le monde.

Tout à Jésus pour que tout soit de Jésus !

Ô Marie, ma bonne Mère, dites à Jésus qu'il est doux à mon âme ce baiser de la douleur ; Vierge pure, Vierge sainte, Mère aimante, apprenez-moi le pur amour de la Croix. Ô amour immaculé de Marie, réchauffez, rallumez, purifiez mon amour...

Ô Marie ! ma tendre Mère ! que votre cœur veille sur moi, que le mien prie pour que la volonté de Dieu soit faite, que son règne arrive et que son saint Nom soit béni. Amen. (5 décembre 1930)

## *Avec Marie au pied de la Croix*

C'est unie à son Rédempteur que Marthe fête la Noël de cette année 1930. Marie lui montre Jésus sur la Croix en même temps que dans son berceau :

Noël ! Noël ! C'est Jésus Rédempteur ! Que pouvons-nous contempler de plus beau ? Que pouvons-nous admirer de plus sublime ? Que pouvons-nous adorer de plus merveilleux que la naissance du Fils de Dieu, Jésus venu apporter et allumer le feu – son Feu – sur la terre ? Quand une étincelle de cet Amour a jailli dans un cœur, il incendie l'âme du désir de connaître et d'aimer ce Dieu toujours plus, de l'aimer sans partage, comme il veut qu'on l'aime. Dieu s'abaissant jusqu'à la créature pour lui permettre d'aller jusqu'à lui. De son ciel de gloire, il descend à la Crèche, de la Crèche à l'immolation de la Croix, de la Croix à l'anéantissement de l'autel, de l'autel dans le cœur de sa créature. C'est le sommet, c'est la possibilité de l'union parfaite. Il ne pouvait donner plus, il n'a pas voulu donner moins. L'Amour a dépassé les paroles. À nous de donner, en nous donnant sans partage.

Dieu le Père qui avez envoyé votre Fils bien-aimé sur la terre pour notre rédemption afin que de la Crèche à la Croix, du berceau à la tombe, il soit la voie lumineuse sur laquelle notre âme doit se fixer.

Dieu le Fils, notre divin Rédempteur, principe de la vie immortelle, guidez-nous jusqu'à vous. Aimons le Rédempteur et sa rédemption.

Dieu le Saint Esprit, opérateur de ce prodige d'amour, par votre action puissante, révélez-nous les merveilles de l'au-delà. Soyez toujours le flambeau de ma vie. Ah ! si on comprenait l'action des dons du Saint-Esprit dans les âmes, merveilles de l'Amour, clarté suprême qui oriente les âmes dociles à se laisser guider !

Ô Marie, montrez-nous la Crèche, montrez-nous la Croix, montrez-nous l'autel, montrez-nous Jésus !

Aimer la vérité, obéir à la lumière, tout est là ; c'est la vraie doctrine. Il ne suffit pas d'avoir des inspirations, des éblouissantes lumières, il faut répondre à l'appel de Dieu.

Seigneur, mon Dieu ! Rendez plus vives les sources mystérieuses qui jaillissent en mon âme. Que je vous découvre partout et vous contemple de plus en plus. En dehors de vous, tout m'est si secondaire ! Avec vous je possède tout.

> Baignez mon âme dans la lumière, mon cœur dans l'amour, ma vie dans l'abandon ; ce qui est : croire, aimer, souffrir, surnaturaliser, immortaliser ma vie, tout est là. (25 décembre 1930)

En faisant comme le bilan de cette année si chargée d'amour, de souffrances et de joies, Marthe centre son regard sur Jésus seul. Sans parler de Marie, on comprend qu'elle en est son modèle lorsqu'elle dit : « Oui je suis changée et bien morte aux choses de la terre, mais suis-je bien morte à moi-même et revêtue de Jésus seul ? » La Mère de Dieu fut le modèle parfait puisque Jésus, en mourant sur la Croix, la dépouilla de sa maternité charnelle pour la confirmer dans sa maternité selon l'Esprit :

> Voici la fin de l'année 1930 qui s'achève dans l'union intime de mon âme avec Dieu. Tout mon être a subi une transformation aussi mystérieuse que profonde. Année d'épreuves, année de douleurs... Année de grâces et d'amour. Mon bonheur actuel sur mon lit d'infirme est profond, durable parce que divin. Oui l'année a été douloureuse par la permanence des souffrances, féconde aussi je l'espère. N'est-ce pas sur les ruines de la santé que l'âme ressuscite ? Je pense à la route parcourue depuis le début de ma maladie ; de cette pensée il n'en ressort que de l'amour, de la reconnaissance envers Dieu miséricordieux et si bon. Quel travail, quelle ascension Dieu a opéré en moi, mais que de soubresauts de cœur, que d'agonie de volonté il faut pour mourir à soi !
>
> Changée, je le suis, tout à ma plus grande confusion, mais tout à la plus grande louange de Dieu. S'il y a du bien en moi, c'est uniquement la grâce de Dieu

qui l'opère. Oui je suis changée et bien morte aux choses de la terre, mais suis-je bien morte à moi-même et revêtue de Jésus seul ? Ne reste-t-il pas un peu de vie à moi ? accomplis-je bien tous mes devoirs, fais-je bien tout ce que Dieu exige de moi ? Suis-je éminemment fidèle à ses plus petits vouloirs en moi ?

Un regard sur Jésus en Croix, et j'ai compris.

Amour, ô feu qui ranime autant qu'il consume ! qui vivifie autant qu'il dévore ! Accomplissez votre œuvre.

L'Amour me mène et me conduit, je n'ai que la douceur de me laisser mener par ce chemin lumineux si peu suivi parce que si peu connu. Quand les épines sont nombreuses, Jésus soutient de plus près, ce qui fait avancer malgré les blessures, confiance et courage. Jésus se fait si tendre et si bon pour une petite âme ensanglantée, prenant sur lui tout le pénible de l'épreuve en ne laissant que le mérite de le suivre sans résistance.

L'âme qui aime Dieu jouit, oui l'amour de Dieu réjouit. La maladie retranche nos moyens d'actions, mais elle en crée d'autres plus généreux, plus difficiles aussi, peu compris mais si peu étudiés.

Il y a des âmes vouées à l'inaction extérieure (dans les cloîtres, par la seule volonté de Dieu). Il y en a aussi et bien nombreuses qui sont vouées à l'inaction par la maladie, l'infirmité. Celles-ci aussi bien que celles-là travaillent silencieusement sur un champ vaste et inconnu.

C'est la prière, le renoncement, la souffrance unis à l'action. Tout se complète. Dieu est le Maître de toutes les âmes et pour chacune le Maître de tous les jours.

Jésus ! ma vie ! pourquoi êtes-vous si peu aimé ? Oh que mes jours ne soient plus qu'un grand cri d'amour

> et de douleur pour ceux qui ne vous aiment pas et ont peur de souffrir. J'achève l'année dans un chant de reconnaissance. Un *Te Deum*, un *Magnificat*, un *Gloria in excelsis*. Soyez béni, mon Dieu, de vos bontés pour moi. Soyez béni, Jésus, pour m'avoir portée si tendrement le long du chemin. Esprit Saint, soyez béni pour avoir si merveilleusement illuminé ma voie. Deo gratias! (31 décembre 1930)

Jamais la joie du Thabor et les souffrances du Calvaire ne sont séparées dans la vie de Marthe, unie à Jésus dans sa Gloire comme dans sa mort. Elle veut les deux «en ne quittant pas la main bénie de Marie»:

> Je sens continuellement le regard de mon Dieu posé sur mon âme, paix inexprimable, profonde et durable, c'est celle de Dieu. Être seule avec Dieu seul sous le rayonnement de son divin regard de son amour. Que c'est bon! La souffrance me découvre tous les jours de nouveaux et divins horizons, qui sont pour moi un commencement du ciel. J'ai la croix partout, et chaque jour je souffre des douleurs folles; sans Jésus ce serait parfois intolérable, avec son aide et par lui je dis de tout mon cœur: "je vous l'offre parce que je vous aime"...
>
> Faites, Seigneur, que je vous suive partout, au Thabor et au Calvaire, calme et souriante, en adorant vos voies les plus mystérieuses comme les plus imprévues. Je veux bien tout, je le puis avec votre aide et par votre secours en ne quittant pas la main bénie de Marie. Ma vie intérieure est toute faite de confiance, d'oraison et d'amour.

> Il y a des journées de seul à seul en Dieu. Il y a aussi des journées de face à face, d'âme à âme où l'hôte intérieur affirme sa présence d'une façon à la fois si douce et si impérieuse. C'est comme un triomphe. (26 janvier 1931)

À partir d'octobre 1930 et jusqu'à la fin de sa vie, 6 février 1981, Marthe vécut ainsi dans son corps aussi bien que son âme les souffrances de la Passion du Christ, d'une manière régulière chaque semaine, comme on le sait. Elle avait conscience que la Mère des douleurs l'accompagnait toujours maternellement, quand bien même elle ne se manifestât pas à chaque fois. Dans ses communions hebdomadaires – une ou deux fois, parfois trois –, Marthe trouvait force et réconfort, car Jésus, par son corps reçu de Marie, ne cessait de la «transformer» en lui très intimement. Marthe y voyait donc une raison primordiale de sa dévotion envers celle qui avait dit «fiat» à Dieu lors de l'Annonciation et qui l'avait renouvelée à la Croix dans les douleurs de l'enfantement de sa maternité selon l'Esprit:

> À vous, ô Jésus, tout mon "merci", toute ma reconnaissance et mon amour, pour votre divine Eucharistie, centre de toute l'économie surnaturelle, vers lequel tout converge et d'où se répand en surabondance la Vie, une Vie sans cesse renouvelée. Merci encore à vous, Vierge Marie, dont le "fiat" indispensable nous a valu ces sublimes réalités. (29 juillet 1932)

Jean-Paul II justifiera dans le même sens le motif d'une vraie dévotion à la Vierge:

> Cette maternité (de Marie, selon l'Esprit) est particulièrement perçue et vécue par le peuple chrétien dans la

> célébration eucharistique où se rend présent le Christ, en son vrai corps né de la Vierge Marie. À juste titre, la piété du peuple chrétien a toujours vu un lien profond entre la dévotion à la Sainte Vierge et le culte de l'Eucharistie... Marie conduit les fidèles à l'Eucharistie... En se livrant filialement à Marie, le chrétien, comme l'Apôtre Jean, cherche ainsi à entrer dans le rayonnement de l'«amour maternel» avec lequel la Mère du Rédempteur prend soin des frères de son Fils» (*Lumen Gentium,* n. 62), «à la naissance et à l'éducation desquels elle apporte sa coopération» (*ibid.*), à la mesure du don qui est propre à chacun de par la puissance de l'Esprit du Christ. Ainsi également s'exerce la maternité selon l'Esprit, qui est devenue le rôle de Marie au pied de la Croix et au Cénacle. (*Redemptoris Mater*, n. 44 et 45)

Vraiment Marthe ne cessa jamais d'exercer son sacerdoce royal sur le modèle de celui de Marie, sa Mère bien-aimée, dans l'unique Sacerdoce du Christ.

## *Marthe recourt à la médiation de Marie*

Marthe, victime immolée par l'Amour de Jésus, ne se contente pas de prendre la «Mère des douleurs» comme modèle parfait pour se livrer à son Époux. Elle sait qu'elle participe la première à la médiation souveraine et unique de son Fils.

Laissons-la s'exprimer:

> Ô Cœur infiniment tendre de Jésus, faites que je sois toujours celle qui veille avec vous, qui veille pour vous et prie pour votre peuple.
>
> Ma devise est: Toute à Jésus par Marie Médiatrice de toutes grâces. Ma vie est toute d'union à Notre Seigneur par l'union à sa très Sainte Mère.

Je l'aime tant cette bonne et tendre Mère. Elle est mon étoile et ma demeure. Je vis à sa lumière et toute cachée dans l'asile imprenable de son Cœur Immaculé !

Ma bonne Mère, agissez en moi, priez en moi, parlez en moi, souffrez en moi, aimez, en moi et avec moi, Jésus ; et qu'ainsi je sois à même de dire à tout instant en union avec Vous : je suis la petite servante du Seigneur qu'il me soit fait selon son Bon Plaisir.

Reine toute puissante et toute bonne ! ô Mère incomparable, prenez-moi tout entière sous votre si maternelle protection, gardez-moi tout entière et à tout jamais dans l'Amour de Jésus votre adorable Fils.

Ô Mère la plus tendre, par moi-même, vous le savez, je ne peux pas, je ne sais pas, je n'arriverai jamais à me sanctifier. Mais je suis prête à me soumettre sans réserve à la conduite de la Grâce.

Ô Mère je vous apporte les trois puissances de mon âme : ma mémoire, mon entendement, ma volonté !

Agissez en moi !

Soyez dans ma mémoire, pour en effacer toute autre pensée que la vôtre et celle de Jésus.

Dans mon entendement, pour en bannir le passé, pour vous en remettre l'avenir et ne voir que vous, Bonne Mère, veillant amoureusement, miséricordieusement sur moi, pour m'unir en toutes choses à Jésus mon Roi.

Dans ma volonté, pour en arracher avec soin tout ce qui pourrait non seulement Lui déplaire, mais n'être pas agréable à Notre-Seigneur dans les plus petites choses, comme dans les grandes.

Nous tous, qui que nous soyons, apportons nos misères, nos besoins, nos désirs, nos prières, nos actions, nos espoirs à la Toute Puissante assise auprès du Tout Puissant. Allons à Marie, Elle est celle dont nous avons incessamment besoin.

Pour comprendre nos angoisses, pour compatir à nos douleurs, il faut un cœur qui ait souffert. Pour obtenir notre pardon, il faut une âme innocente. Pour avoir à s'occuper des besoins de tous, il faut être exempt de toutes dettes, pur de toute tache. Pour consoler, pour sécher les larmes des petits enfants, il faut être Mère. Pour dispenser les grâces et les bienfaits du Ciel, il faut être Reine. Pour donner à tous, pour les aider tous, il faut avoir dans les mains la clé des trésors de Dieu. C'est ce que fait la très Sainte Vierge : Elle est pure, Immaculée et sans tache, elle est Mère, elle a aimé, elle a souffert plus que tous, elle n'a aucune dette à satisfaire à la Divine Justice : elle est Reine, elle puise à son gré dans le trésor divin.

Tous les biens spirituels et même temporels que nous recevons passent par les mains libérales de la très Sainte Vierge. Elle n'en est pas le possesseur mais la dépositaire et la distributrice : Elle les obtient de "Celui qui est" et à qui tout appartient.

Plus un saint a pratiqué de vertus, plus il les a pratiquées parfaitement, plus son pouvoir est grand dans le Ciel.

Or, la Sainte Vierge a pratiqué toutes les vertus, elle les a pratiquées avec un degré de perfection que notre petitesse ne saurait mesurer, que notre fragilité ne saurait atteindre. Elle a connu toutes les difficultés de la vie, toutes les angoisses du lendemain, toutes les souffrances, nul après Jésus n'a souffert autant qu'Elle.

Elle eût moins souffert si elle était morte avec son Fils, mais il faut qu'Elle le voie agoniser, il faut qu'elle le voie mourir et qu'elle vive. Elle est Sainte et plus que sainte. Elle est Martyre et plus que martyre. Elle en est la Reine... Elle est la Mère du Tout-Puissant, elle en partage toute la Gloire, elle participe à son gouvernement divin. C'est pourquoi tous les cris, toutes les supplications, toutes les louanges qui montent de la terre vers Dieu, passent par Marie, de Marie à Jésus et de Jésus au Père. En retour, toutes les grâces obtenues passent du Père au Fils, du Fils à sa Sainte Mère, et par elle à celui qui la prie. Ce n'est pas spécialement quelques âmes que Marie protège, elle vient au secours de tous les humains. La Sainte Vierge a tout pouvoir sur le Cœur de Dieu, c'est donc toute sa famille humaine qu'elle protège, qu'elle console, qu'elle guérit, qu'elle encourage, qu'elle éclaire, qu'elle soutient, qu'elle veut sauver. Mère de miséricorde, elle imite le Père de toutes miséricordes et nous aide même sans être priée.

Allons donc à Marie ! Puisqu'elle est notre Mère, la nôtre à chacun. Allons à elle, puisqu'Elle est l'universelle Médiatrice entre Dieu et nous. Ah ! si nous savions nous faire bien petits ! Si nous savions tourner nos regards et nos cœurs vers Celle qui nous aime tant.

Que de belles vertus. Que de bons conseils cette humble Vierge, cette tendre Mère, cette noble Reine nous apprendrait sur les avantages de l'humilité, les exigences de la charité, la sagesse de l'obéissance, les douceurs de l'abandon à Dieu, les joies de la confiance.

Si la jeune fille savait se blottir auprès d'elle pour abriter sa pureté, le coupable se jeter dans ses bras pour chercher un refuge et échapper aux châtiments, si le malade lui apportait ses plaies à panser, l'enfant son innocence à protéger, l'indigent sa misère à secourir, l'affligé ses douleurs à consoler, le vieillard et l'orphelin leurs cœurs à réchauffer, leurs larmes à sécher, la vie serait moins triste parce que plus profondément chrétienne.

Essayons donc de nous faire petits, tout petits, auprès de Marie notre Mère, quand on souffre, quand on pleure, quand on est seul et bien triste, ce n'est vraiment pas difficile de se faire tout petit, on a tant besoin de secours, on a tant besoin de sentir une Maman auprès de soi ! Et qui donc ne souffre pas ? Qui donc ne pleure pas ? Qui donc ne tremble pas quelquefois sur la terre ? Qui donc n'a pas besoin de se faire consoler, de se faire pardonner, de se faire aimer, de se faire guérir ?

Oh ! oui, apprenons à nous faire bien petits et à ne rien faire sans le conseil, sans le secours, sans l'inspiration et le consentement de notre Reine chérie ! Qu'elle soit toute notre confiance et toute notre espérance en Dieu.

Elle est Mère, et comme Mère, elle est d'autant plus empressée à voler au secours de son enfant, qu'il implore son aide avec plus de confiance et plus d'amour.

Si des grâces temporelles nous sont nécessaires, elle nous les obtiendra, à la seule condition cependant qu'elles se rattachent à la vie surnaturelle, c'est-à-dire à la Gloire de Dieu et au salut des âmes. Ne demandons pas des choses qui ne peuvent ni glorifier Dieu, ni être salutaires à notre prochain, ni nous mener au ciel.

La belle mission de Marie est d'amener à Jésus tous ceux qui vont à elle.

Faisons-nous bien petits et bien petits dans les bras de notre Mère aimée, plaçons-nous tout près d'elle, elle nous apprendra notre devoir, elle nous dira que notre devoir et tout notre devoir de chrétien est de ressembler à Jésus, et qu'il n'y a toujours en tout temps, en tout lieu qu'une manière de lui ressembler: se renoncer soi-même, prendre sa croix et le suivre. Mais elle nous dira aussi ce qu'elle sait par expérience: c'est qu'avec Jésus, se renoncer, prendre sa croix et le suivre en la portant, ce n'est pas mettre des boulets à ses pieds mais des ailes à son cœur, de la joie, du bonheur, du ciel dans sa vie. C'est monter, c'est se rapprocher de Dieu pas à pas. Elle nous dira que la croix se fait de jour en jour plus légère, plus aimée, quand on la porte en se sanctifiant.

Suivons Jésus et suivons-le avec Marie son incomparable Mère, attachons nos regards non uniquement sur sa Divinité, mais sur son Humanité Sainte, sur son Humanité souffrante... Jésus le Modèle parfait, le Modèle complet, le Modèle de tous.

Regardons-le, regardons-le souvent, regardons-le longuement, regardons-le toujours, non pour le copier dans ce qu'il a fait... on ne devient pas saint par copie, mais pour lui ressembler dans ce qu'il est: doux et humble de cœur, rempli d'amour, rempli de charité, de compassion et de pardon, pour tous, obéissant et obéissant jusqu'à la mort sur la Croix, pauvre dans sa naissance, dans sa vie et à sa mort... pauvre et sans égal.

Laissons ses gémissements, ses cris d'amour, ses cris de détresse, ses divins soupirs s'imprimer ineffablement en notre esprit. Laissons sans jamais nous plaindre le glaive de feu s'enfoncer sans fin dans notre cœur, jusque dans notre âme. Laissons sa douloureuse Passion se renouveler en nous. Laissons-nous clouer en croix avec le Christ ! Laissons Jésus et Marie nous refaire en eux et uniquement pour eux.

La maternité divine a revêtu la Sainte Vierge d'une grandeur qui ne peut avoir d'égal ni sur la terre, ni dans le ciel. Elle la place au dessus de tout ce qui n'est pas Dieu. Elle lui donne, par participation, la puissance que Dieu a par nature, et on peut dire d'elle qu'il ne se passe rien au ciel et sur la terre sans qu'elle n'intervienne.

La maternité divine a donné à la Ste Vierge dans ses rapports avec nous, la tendresse bienfaisante d'une Mère, l'autorité incomparable d'une Reine. Marie, Mère de Dieu, Marie Reine d'amour participe à la Médiation du Christ et à toutes les grâces que le Christ nous a acquises, elle a mérité d'en devenir la distributrice. C'est elle qui distribue tous les dons, toutes les vertus, toutes les grâces à qui elle veut, quand elle veut, de la manière et dans la mesure qu'elle veut.

Ô Marie que vous êtes bonne !

Ô Marie que vous êtes grande !

Ô Marie que vous êtes puissante !

Ô Marie, que je vous aime vous qui êtes ma Mère !

Jésus et Marie ! Ne les repoussons jamais de notre cœur. Allons de l'Amour à l'amour.. de la Miséricorde à la miséricorde... De la mort à la Vie ! (3 février 1930)

Ce texte est, pour Marthe, tout le programme de sa vie avec Marie. Elle a déjà une grande expérience de son union intime à Jésus en compagnie de Marie, sa Mère. Du reste, elle commence par en appeler au «Cœur infiniment tendre de Jésus» pour qui elle veille et qu'elle prie pour tous. Elle ne garde rien pour elle. Il est capital d'insister sur cette donation totale de Marthe au Cœur de Jésus, pour mieux comprendre comment Marie, à qui elle se donne également sans réserve, ne sera jamais écran entre elle-même et son Fils: «Ma devise est: toute à Jésus par Marie Médiatrice de toutes grâces. Ma vie est toute d'union à Notre Seigneur par l'union à sa très Sainte Mère.»

C'est dans le vécu quotidien que Marthe comprend cette médiation. Elle sait que si Marie est sa Mère, elle ne cessera d'intercéder pour celle qui se veut, comme Elle, «la petite servante du Seigneur».

Cependant Marthe ne contemple pas Marie comme elle contemple Jésus. Dieu est sa seule raison de vivre et de s'abandonner en victime consacrée. Elle cherche le face à face avec Jésus, en sachant bien qu'elle ne l'aura pas ici-bas. Ce n'est pas le face à face avec Marie qu'elle cherche. Elle voit sa Mère très sainte comme une «présence» vivante et efficace pour l'amener à son Fils. C'est pourquoi, avec sa Mère qu'elle prend «en son intimité», comme Jean, au pied de la Croix (Jn 19, 29), elle est «prête à se soumettre sans réserve à la conduite de la Grâce», c'est-à-dire à l'Esprit de Jésus qui en est la divine source. Des grâces divines, Marie n'est pas le possesseur, mais la dépositaire et la distributrice: elle obtient toutes les grâces de «Celui qui est» et «à qui tout appartient». Elle a été bien «formée» par l'Esprit pour cette mission maternelle. Qui a mieux vécu toutes les angoisses, les souffrances et la mort de Jésus ? Ainsi, plus que quiconque, après son divin Fils, Marie est en mesure de soulager toutes les peines des hommes.

C'est pourquoi, chaque chrétien fait monter sa supplication, « de Marie à Jésus et de Jésus au Père », et les grâces descendent « du Père au Fils et du Fils à sa Sainte Mère, et, par Elle, à celui qui la prie ». « Allons donc à Marie, puisqu'elle est notre Mère, la nôtre à chacun. Allons à elle, puisqu'elle est l'universelle Médiatrice entre Dieu et nous... Essayons donc de nous faire tout petits, tout petits, auprès de Marie notre Mère, quand on souffre, quand on pleure, quand on est seul... »

Dans les bras de notre Mère aimée, nous pourrons mieux suivre Jésus : « Suivons Jésus et suivons-le avec Marie son incomparable Mère. » Toute la vie chrétienne consiste à « se renoncer, prendre sa croix et le suivre en la portant... » Marie peut nous aider à porter notre croix avec Jésus, puisqu'elle en a fait, la première, une expérience incomparable. Certes « Jésus est le Modèle parfait, le Modèle complet, le Modèle de tous. » Mais parfaitement modelée sur Jésus et son Esprit, Marie saura modeler sur Jésus ceux qui se confient à elle.

Comment Marie a-t-elle une si grande puissance de médiation, qui sans faire ombre au souverain pouvoir de l'Unique Médiateur, est indispensable à tous les hommes qui cherchent Dieu ? Marthe ne se pose pas la question explicitement, car elle en connaît la réponse par expérience. Expliquons-nous :

Pour réconcilier deux ennemis, il faut un médiateur ; mais quand bien même le reconnaîtraient-ils comme le médiateur idéal, il faut qu'ils fassent concrètement le pas décisif l'un vers l'autre pour que sa médiation devienne efficace et conclue à la réconciliation. Jésus est l'Unique Médiateur entre son Père et l'humanité pécheresse, donc ennemie de Dieu. Le Père a fait le pas décisif vers l'humanité ennemie en envoyant, par son Fils, l'Esprit Saint pour la réconciliation efficace. Sans l'Esprit Saint qui à l'intime de nous-mêmes nous presse de répondre à cette offre de réconciliation, venant du Père par Jésus, impossible aux pécheurs que nous sommes de faire le moindre pas. Marie, rachetée comme nous mais d'une manière incomparable, étant immaculée dès sa conception, a répondu la première, sans réticence, à la pression efficace de l'Esprit. Elle a même fait cette réponse par son *fiat,* Vierge Martyre, fermement debout au pied de la Croix, en s'unissant intimement à son Fils qui se faisait alors reconnaître comme le seul vrai Médiateur. Et maintenant, la plus parfaite réconciliée avec le Père, Marie, imprime sa marque de Mère dans le cœur des hommes pour que, avec la puissance de l'Esprit, elle fasse faire à chacun le pas décisif vers le Père par Jésus. « Laissons (donc) Jésus et Marie nous refaire en eux et uniquement pour eux. »

Pourquoi a-t-elle une telle puissance ?

Marthe répond : « La maternité divine a revêtu la Sainte Vierge d'une grandeur qui ne peut avoir d'égal ni sur la terre, ni dans le ciel. Elle la place au-dessus de tout qui n'est pas Dieu. Elle lui donne par *participation* la puissance que Dieu a par *nature*, et on peut dire qu'il ne se passe rien au ciel et sur la terre sans qu'elle n'intervienne. »

Mais Marthe ajoute aussitôt, pour éviter d'éloigner Marie de notre intimité quotidienne :

« La maternité divine a donné à la Sainte Vierge dans ses rapports avec nous, la tendresse bienfaisante d'une Mère. »

Si sa divine maternité lui donne aussi « l'autorité incomparable d'une Reine », elle est une « Reine d'amour » puisqu'elle « participe à la Médiation du Christ et à toutes les grâces que le Christ nous a acquises. »

Il convient d'insister sur ce point pour éviter toute équivoque. Pour Marthe et pour tout chrétien, « Il n'y a qu'un seul Dieu, qu'un seul médiateur aussi entre Dieu et les hommes, un homme, le Christ Jésus» (Tim 2, 5). Mais s'il est *seul* médiateur, il n'est pas un médiateur *isolé:* Le Christ, par son Esprit, fait participer à sa rédemption et à sa médiation universelle ceux qu'il vient sauver et qui répondent à son appel. Or, en cette participation, la première et la plus parfaite est sa propre Mère, l'Immaculée, si intimement unie à lui dans le mystère pascal.

Bref, si l'on va «à Jésus par Marie», c'est parce que l'Esprit de Jésus est déjà en notre cœur, lui qui est Dieu, donc plus intime en nous-mêmes que nous-mêmes. Marie, simple créature sortie du néant, est par la grâce de sa divine maternité, indissolublement unie à son Fils et la plus proche de nous depuis le Calvaire où elle nous fut donnée comme mère par ce même Fils.

Dans son acte de «consécration à l'Immaculée», Saint Maximilien-Marie Kolbe, en fondant sa «Mission de l'Immaculée» (16 octobre 1917), officiellement reconnue par l'Église en 1927 et répandue aujourd'hui à travers le monde avait dit:

«Ô Immaculée,.... ta seule présence attire les grâces qui convertissent et sanctifient les âmes, puisque la Grâce jaillit du Cœur divin de Jésus sur nous tous, en passant par tes mains maternelles.»

Marthe auraient-elle eu, connaissance de la «Mission de l'Immaculée» du P. Kolbe?

Car nous retrouvons chez l'un et l'autre la même spiritualité mariale[1].

Le Vendredi-Saint de cette année 1930, Marthe prend une conscience précise du pourquoi de la médiation maternelle de Marie:

---

1. Cf. du même auteur, *La doctrine mariale du Père Kolbe*, Lethielleux, 2e édition, 1976.

Tu as dit, ô Jésus : « si je ne m'en vais, le Saint-Esprit ne pourra venir. » La vie d'ici-bas n'est que le voyage qui nous conduit à l'immortalité. Dieu n'avait qu'un Fils, qu'un Fils bien-aimé en qui il avait mis toutes ses complaisances et il l'a laissé crucifier, en le laissant mourir abandonné à lui, abandonné de tous, au milieu de la populace meurtrière. Jésus avait bien près de lui quelques amis, mais ils étaient impuissants à le consoler, ne pouvant pas comprendre, augmentant même ses tortures d'amour.

Et ce Fils bien-aimé, il n'avait qu'une Mère bien-aimée, une Mère uniquement, tendrement chérie, une Mère Immaculée entre toutes les Vierges et il l'a associée à toutes ses immolations, à toutes ses tortures, à toutes ses agonies faisant d'elle un océan de souffrances, la Mère des douleurs, lui léguant avant d'expirer l'humanité tout entière, notre humanité criminelle, ingrate et pécheresse...

Ô puissante Vierge Marie, ô Mère des douleurs, priez pour nous, ô Mère dont le cœur fut brisé des plus déchirantes tortures, secourez-nous. Ô Mère qui avez assisté au douloureux crucifiement de votre divin Fils au milieu des opprobres, de la haine et de l'ignominie, intercédez pour nous, ô Mère qui avez vu mourir votre Fils bien-aimé au milieu d'une foule vociférant les cris les plus infâmes et en proie aux plus cruels tourments sans pouvoir étancher sa soif ardente, assistez-nous à l'heure de la mort, ô Mère qui n'avez pas même eu le déchirant délice de recueillir le dernier souffle de votre Fils adoré, exaucez nos ardentes supplications, ô Mère, qui avez été témoin du dernier outrage infligé à votre Fils aimant quand on lui perça le cœur, préservez-nous des péchés et des offenses à ce Cœur adorable.

Ô Mère dont le cœur fut transpercé d'un glaive, transpercez nos cœurs de douleur et d'amour. Océan d'amertume, priez pour nous, ô Mère qui êtes restée si sublime au pied de la Croix, apprenez-nous à accepter généreusement la volonté de Dieu, ô Mère qui êtes demeurée debout sous la Croix, enseignez-nous à ne point fléchir dans nos souffrances et nos épreuves, ô parfait Modèle de la résignation, soutenez-nous, Mère admirable, aidez-nous, Mère incomparable, protégez-nous, ô Mère qui avez couvert de maternelles caresses et de doux baisers votre tendre Fils quand son corps inanimé fut remis entre vos bras, couvrez-nous, ô Marie, de vos maternels secours et de votre assistance maintenant et à l'heure de notre mort. Mère du Dieu victime, pardonnez-nous, Mère la plus aimante entre toutes les mères, aimez-nous, Mère pleine de bonté, guidez-nous. Puissante protectrice des délaissés, gardez-nous près de vous, Vierge si bonne, consolez-nous, Vierge qu'on n'invoque jamais en vain, venez à nous, Vierge de tout pouvoir, convertissez-nous.

Ô Vierge Marie que j'aime de l'amour le plus pur et le plus ardent, donnez-moi de vous faire aimer autant que je vous aime ! Dans les larmes, les veilles, les souffrances, l'épreuve et la croix, je sème en votre nom, ô Jésus ! Que votre règne arrive et que votre amour dès maintenant soit une moisson immense de gloire.

Ô compatissante Vierge Marie, j'ai besoin de votre maternelle protection pour achever vaillamment ma vie crucifiée, pour supporter les douloureuses souffrances qui m'attendent encore, pour mourir d'amour et confiante en la miséricorde de Dieu, ô Marie, vous savez tout, vous connaissez tout, vous pouvez tout ! Je

> vous aime, ô Mère chérie, et vous aimez votre petite enfant. (18 avril 1930)

À l'occasion du Congrès Eucharistique (Pâques 1930), Marthe renouvelle l'acceptation de ses souffrances en les offrant pour tous ses membres, et elle le fait en se remettant tout d'abord « dans le divin Cœur de Jésus, par Marie » :

> Jésus se cache, Jésus se tait, et laisse sa petite victime sous l'impression de la solitude même dans la communion ! Ce sentiment de vide est bien douloureux à ma petite âme qui reste accablée sous les coups du chagrin et des souffrances.
>
> Mais "fiat", ô mon Dieu ! pour tout je vous bénis. Tout ce qui vous plaît. Ô Dieu d'Amour, comme il vous plaît m'est doux, mon cœur aimant le redit sans cesse, sans mesure.
>
> Ma résolution est de faire autant, de faire plus pour Jésus caché que pour Jésus présent. Il sait bien que je ne l'aime ni ne fais rien pour ses dons ni en vue de ses grâces particulières... mais pour lui Seul.

## *Elle comprend que Dieu est père et mère*

On retrouve les mêmes sentiments que chez Thérèse de l'Enfant Jésus qui ne voulait jamais rechercher en Dieu la récompense, mais uniquement Dieu seul et sa gloire.

> Je suis tout éperdue d'amour, ma vie est de plus en plus adorante ! J'accepte en tout et pour tout le sacrifice dans le Sacrifice. Je porte dans mon cœur l'amour et la grâce de Dieu ; je donnerais tout pour le plus

grand bien des âmes. J'offre et remets tout dans le divin Cœur de Jésus, par Marie.

Je suis toute à Jésus, alors je ne garde rien pour moi. Je surnaturalise toutes mes douleurs, tous mes efforts. Je transforme tout par l'amour dans l'Amour et, par la brûlante charité, mon martyre quotidien. Oh, je sais bien que le Maître souverain des anges et des âmes se sert de moi pour de grandes choses!

Oh, mon Dieu inspirez-moi bien ce qu'il faut que je fasse pour correspondre en tout à votre volonté si aimable.

La prière et le sacrifice, c'est le baume de toutes mes journées. Qui peut mieux savoir les merveilleuses tendresses du Bon Dieu au lit de douleur de ses enfants.

Mon Dieu, aidez-moi à vous plaire en tout.

Dans mon cœur et dans mon âme j'ai béni mon père spirituel pour tout ce qu'il fait pour moi. Que Dieu le protège et le garde tous les jours plus près de lui.

Comme mon divin Bien-Aimé m'a fait prier ces dernières semaines pour le Congrès Eucharistique, j'ai offert à Jésus les fruits de ma communion d'aujourd'hui à cette fin et je crois que les jours qui vont suivre vont être bien fertiles en douleurs de toutes sortes! Ô ma petite âme, accepte avec amour toute la volonté de ton céleste Ami. J'ai bien prié ma douce Mère du ciel de protéger tous ses enfants du Congrès. Plus j'éprouve de douleurs, plus l'exil m'est douloureux, plus aussi je me serre avec amour contre le Cœur de Dieu, plus je me confie toute à lui. Qu'on connaît peu et mal le Cœur de Dieu! Pourtant non seulement Dieu est Père, mais il est Mère tout à la fois.

Saint Thomas d'Aquin avait dit lui-même :

> « Si, dans la génération charnelle, il faut distinguer le père (celui qui engendre) et la mère (celle qui conçoit et enfante), tout dans la génération du Verbe est attribué au Père selon les Saintes Écritures ; car le Père est dit engendrer le Fils ainsi que le concevoir et l'enfanter. » (*Somme contre les Gentils*, livre IV, ch. XI).

Le Père est éminemment et combien excellemment père et mère pour le Fils jusque dans sa génération humaine par l'Esprit Saint en la Vierge Marie.

> Une âme de bonne volonté me demandait dernièrement ce qu'il fallait faire pour bien aimer et servir le Bon Dieu et la Sainte Vierge, pour aller au ciel ? Pour aller au ciel, il faut avoir, il suffit d'avoir une âme d'amour, mais pour avoir une âme céleste, un cœur libre et empreint d'amour divin, un corps patient et obéissant à tout pour aspirer arriver au sommet de la perfection, il faut aimer !
>
> Dieu est Amour, Dieu fait tout par Amour. Que demande-t-il de nous si ce n'est de l'aimer. Ô mon Dieu, donnez-moi, donnez-nous chaque jour de faire un pas dans votre Amour ! (5 mai 1930)

Écoutons Marthe nous dire comment elle prie Dieu et Marie pour une personne sur le point de mourir. Pour elle, une seule âme mérite bien des prières et des souffrances offertes avec amour dans le Cœur de Jésus avec Marie comme avocate. Il s'agit dans ce cas précis d'une amie très chère qui a vécu vraiment dans le Seigneur :

> Levons les yeux vers les régions de l'Amour infini. C'est là qu'on apprend le mystérieux secret des larmes et à bénir la main incompréhensible de Dieu ineffa-

blement Bon, qui bénit toujours quand même elle frappe et qu'elle brise ses serviteurs et ses élus.

Oh, que nous connaissons peu le Cœur si aimant du Bon Dieu, le Cœur si tendre de notre Père des cieux. Quelles sont différentes et nombreuses aussi les voies par lesquelles Dieu amène les âmes à lui ; qui peut dire ses miséricordes et ses divines compassions au lit de mort de ses serviteurs et de tous ses enfants. Ah, que nous sommes chers à Dieu ! Que nous sommes chers au Cœur de Jésus !

Dans les ombres de la dernière heure, alors que l'œil ne discerne plus rien, que la voix est éteinte, quand il faut mettre la main sur le cœur du patient pour se rendre compte s'il y a encore un peu de vie, qui peut savoir ce qui se passe entre l'âme et son Dieu ? Qui peut dire avec quelle tendresse il l'appelle ? Jésus nous dit et nous redit sans cesse que toute grâce nous sera accordée si nous avons une foi sincère. Quand donc irai-je à mon tour me désaltérer aux sources intarissables de la Lumière et de l'Amour. Quand vous le voudrez, ô mon Dieu.

Un être qui meurt sur la terre, cela parait peu de chose à la masse. Cependant, cet être de moins, c'est une âme qui comparait devant son Créateur et son Dieu. C'est un élu ou un réprouvé. Une seule âme doit-elle nous laisser indifférent et sans pitié ? Le divin Rédempteur est mort pour toutes ; nous aussi qui avons le bonheur de nous dire ses enfants, aidons-le dans cette œuvre des âmes puisqu'il nous le demande et sachons mourir pour les unes comme pour les autres quand il le faut. Ne sommes-nous pas, tous, les enfants du même Père ; chaque fois que la vie fait une nouvelle victime offrons nos sacrifices, nos souffrances, nos larmes et nos ferventes prières au Seigneur de toute bonté et de toute compassion. Ô Dieu miséricordieux, ô divin Sauveur des âmes, ouvrez, je vous en supplie, vos saints Tabernacles à l'âme si chère que vous avez ravie en ce jour à nos affections. Mon Seigneur et mon Dieu, donnez-lui sans retard une vie de bonheur et de repos infini. A vous, mon Dieu, en reviendra toute la gloire.

Ô compatissante Vierge Marie, ô ma Mère, montrez, je vous en conjure, votre immense pouvoir sur le Cœur de votre divin Fils ! Montrez-moi que vous m'aimez en obtenant à celle qui fut aussi un peu ma mère ici-bas l'ineffable bonheur du ciel qu'elle a tant mérité dans sa vie admirable. Ô toute puissante et tout aimante Vierge Marie ! Ô mon Avocate et ma Mère, que je suis divinement heureuse en ce jour de faire appel à votre ardente charité, à l'implorer, à la bénir. Vierge Sainte, obtenez (le ciel) à cette âme qui vécut toujours dans la piété, dans l'oubli d'elle-même, dans le labeur, le sacrifice, dans l'exercice de la charité, dans les pratiques religieuses et la prière. Souvenez-vous des longues et cruelles souffrances qu'elle a si patiemment acceptées pendant de longs mois et daignez intercéder pour elle afin de lui donner bien vite le repos éternel. Amen ! (2 juillet 1930)

L'union du cœur de Marie au Cœur de Jésus permet à Marthe de demander à sa Mère bien-aimée de purifier son âme au milieu de ses souffrances qui la crucifient. C'est ainsi qu'elle comprend comment elle est totalement à Jésus par Marie :

Oh que je souffre ! quel douloureux enchevêtrement de choses je sens se dérouler, auxquelles je suis impuissante à remédier. Je m'en remets à vous, mon Dieu, suppléez vous-même à tout, je m'abandonne entre vos bras.

Que la souffrance aimée est belle, non seulement par elle-même, mais surtout quant aux fruits qu'elle produit en nous. Quelle suave douceur de vivre participante aux souffrances du divin Rédempteur.

Console-toi, mon âme ! chante avec les anges et les saints, parce que ton divin Ami vient te consoler.

C'est vous surtout, ô Mère incomparable, que je supplie de détruire en moi tout ce qui n'est pas pour Jésus et à Jésus. Promenez en mon être le fer qui éprouve et le feu qui purifie afin qu'il n'y ait rien dans mon cœur qui puisse déplaire à Celui qui chérit mon âme. Ô puissante Reine, rendez-moi un pur calice d'amour ; ornez, parez mon petit cœur qui va devenir bientôt le berceau de votre divin Fils.

Ô mon Amour crucifié, gardez-moi toujours crucifiée avec vous. Ô douce Vierge Marie, votre petite enfant a bien mal ! Vous seule connaissez combien elle est heureuse de souffrir autant qu'elle souffre. Que par votre cœur, ô tendre Mère, mon cœur ne quitte jamais celui de Jésus. (24 juillet 1930)

## *Pourquoi elle aime le sacrement de réconciliation*

Marthe aime se confesser avant chaque communion, non pas tant par la crainte d'être hors de l'amour de Dieu, mais par le souci de donner à Jésus un cœur le plus purifié possible pour qu'il soit ainsi l'hôte le plus intime. Elle demande à sa divine Mère de venir en elle pour l'aider à accueillir Jésus :

Ô sainte et divine Eucharistie ! Ô mon Jésus, c'est vous qui êtes si près de moi ; mon cœur est tendrement ému. C'est donc en la divine présence de Jésus Hostie que l'humble petite hostie de son Amour va faire sa confession et recevoir le grand pardon de toutes ses fautes. Je sens mon cœur battre si fort que j'arrive à pouvoir à peine respirer, un feu tout divin et tout intérieur me brûle et ce n'est que la douce présence de Jésus en moi qui peut en calmer les trop vives ardeurs.

Quand j'ai dit mes péchés et que j'écoute attentivement les admirables leçons, les réconfortantes paroles et les religieux encouragements que Jésus me fait par son fidèle ministre, quand surtout il prononce d'une voix que je sens très émue : « dans un instant Jésus va se donner à vous, Jésus va être tout à vous et vous serez vous-même toute à lui, il est le grand Ami qui va vous consoler, vous combler de ses grâces, vous montrer son amour et sa tendresse infinie, recueillez-vous, mon enfant, et faites du plus profond de votre cœur votre acte de contrition pendant que je vais vous donner l'absolution » –, tout mon être palpite d'émotion que je puis à peine contenir ; je voudrais pleurer abondamment, mais Jésus ne me laisse pas toujours le bienfait des larmes à ce moment-là, dans son Amour. Il préfère, je crois, que je pleure seule avec lui. Je dis aussi tout bas à mon Dieu : « pardonnez-moi, mon Dieu, ô mon Père plein de miséricorde pour votre enfant, pardonnez-moi, ô Jésus, je me repends de toute mon âme de vous avoir contristé. Vous qui êtes la Bonté même, vous qui n'êtes que tendresse envers moi, petit grain de sable. Ah, je vous promets, ô Bonté suprême, que je ne tomberai plus, que je ne vous offenserai plus, mais je vous supplie humblement d'aider ma faiblesse. »

Après les puissantes paroles de l'absolution prononcées, je sens le divin pardon de mon Dieu reposer sur moi. Oh quelle joie, quel moment incomparable, celui où Jésus prés de mon lit de douleur attend que mon cœur soit purifié pour se donner à moi dans son Sacrement d'Amour, gage suprême de la vie éternelle. Il me semble que tout mon pauvre petit être s'est effacé, que ce n'est plus moi, tant le calme profond et la paix divine inondent mon cœur. Plus rien ne me tourmente, je suis confiante et rassurée. Il me semble alors que mon aimable et divine Mère, les anges et les saints sont présents dans ma petite chambre et que Jésus regarde son humble petite victime avec amour et tendresse. Intérieurement, je tombe à genoux aux pieds de la Sainte Vierge lui demandant d'ôter tout ce qui pourrait dans mon cœur déplaire encore à Jésus, bien que j'aie été purifiée par le sacrement de pénitence, mais de me purifier jusqu'à la moindre imperfection qui pourrait ternir la demeure de mon Dieu et de me donner un cœur tout nouveau, une âme transparente comme le pur cristal afin que Jésus y voie de tous côtés sa Face adorable. Je la supplie de bien veiller sur son enfant, sur toutes mes bonnes résolutions, mes promesses et de vouloir toujours être ma bien-aimée Médiatrice auprès des Trois Personnes de la Sainte Trinité.

Ô Marie, donnez-moi vous-même à Jésus ! Oh, que la sainte communion est bien le plus grand de tous les bonheurs. (18 août 1930)

Après sa confession, Marthe se dispose à recevoir le Corps du Christ, mieux, à demander à sa Mère de venir à l'intime d'elle-même pour accueillir Jésus. Marthe a fort bien compris comment aller à Jésus *par* Marie. Elle prend conscience de cette présence maternelle. Elle la veut ainsi dans chacune de ses communions, même dans ses «communions spirituelles» qu'elle renouvelle souvent entre ses communions sacramentelles hebdomadaires :

> Jésus, l'aimable et doux Jésus va se donner à moi ! Venez, ô mon bien-aimé Jésus ! Venez, ô le Dieu de mon cœur, ma joie, mon amour, ma vie, mon tout, votre petite épouse a faim et soif de vous recevoir, de vous aimer et de se donner toute à vous seul.
>
> Je demande à ma Mère chérie de se tenir à la porte de mon cœur pour y recevoir elle-même son Jésus ; je supplie mon ange gardien et tous les saints, notre petit ange que je sens ici tout près, de prier pour moi et avec moi ; je dis encore à Jésus : ma petite âme attend et vous languit ; que vous êtes bon, ô le Roi de mon cœur, de vouloir venir habiter en moi ! (même jour)

Avant de continuer le déroulement de cette journée du 18 août, mettons en incise ce qu'elle redira trois semaines plus tard sur ce point, en le développant :

> J'invite toujours ma divine Mère pour préparer mon petit cœur et le bien disposer à recevoir son divin Fils. Plus s'approche l'aurore, plus suave est ma joie, plus grande ma confiance, plus profonde aussi est mon humilité. Ô mon âme, Celui qui est le principe, l'objet, la fin de tout : de ta foi, de ton espérance, de tout amour, veut se donner à toi ; tu ne peux aller à lui, alors il vient à toi par celui qui est son fidèle

représentant ici-bas. Ô prodige d'amour et de bonté, le Roi du ciel descend sur la terre, il suffit de quelques paroles et aussitôt la substance se change en son corps divin pour devenir la nourriture des âmes. Mon cœur déborde d'amour comme un vase trop plein de liquide. Encore un peu de temps et je pourrai tout déverser dans le Cœur de mon Bien-Aimé, lui confier toutes mes joies, toutes mes peines intérieures, toutes mes larmes, lui témoigner toute ma reconnaissance, tout mon bonheur, l'adorer au-dedans de moi-même, tout lui offrir, agir en tout pour prouver que Jésus est réellement dans mon cœur. Tous les jours où je n'ai pas le suave bonheur de recevoir la sainte Eucharistie et plusieurs fois dans la journée, je fais la communion spirituelle, la communion d'esprit et de cœur. Dans ma vie de malade, qu'il m'a été doux de communier de désir ; en communiant ainsi je ne dérange pas mon père (spirituel) ; je n'occupe personne, je ne dépends que de mon doux Jésus. Si je n'avais pas su cette manière de faire la communion, je n'aurais pas pu vivre. Ma prière principale dans la communion est de demander au Dieu Tout-Puissant et Distributeur de toutes grâces de me faire avancer dans la voie montante de la croix, d'être toujours plus pure, d'augmenter mon amour, car je veux faire par amour tout ce que l'amour me commande. Il n'est point d'autre façon où notre Sauveur nous donne une plus éclatante preuve de son amour et de sa tendresse que dans le sacrement de l'Eucharistie, dans cet anéantissement de lui-même pour se donner en nourriture à nos âmes. (7 septembre 1930)

Reprenons le cours du 18 août :

> C'est alors que mon père spirituel, qui va me donner Jésus, s'avance tout près de mon lit, me laissant contempler l'adorable Hostie ; quand il dépose sur ma bouche le divin pain des Anges, je ne sais plus ce qui se produit en moi. Il me semble que Jésus me reçoit amoureusement dans ses bras, que je m'anéantis et me fonds sur son Cœur de feu, dans un ravissement et un bonheur suprême.
>
> Je ne puis expliquer ni rendre ce qui se passe alors ; mon corps n'est plus, l'âme est tout absorbée dans la puissance de son Dieu. Elle est sa chose, il lui parle, elle répond, le remercie de ses tendresses et de ses bontés, qu'elle ne mérite pas tant d'amour ; mais elle lui dit en même temps de rester toujours en elle et de la garder toujours toute à lui dans cet embrassement plein de divine ivresse, elle lui dit qu'elle ne peut plus et ne veut plus vivre qu'avec lui et en lui puisqu'elle est sienne et qu'il la veut sans partage. L'âme ainsi unie à Jésus lui demande ses grâces, lui confie tous ses besoins, lui recommande ses intentions, tous les siens, tous ceux qu'elle aime, elle demande pour toutes les âmes le même amour qui la dévore elle-même, elle supplie son Bien-Aimé de convertir les pécheurs, de rendre ferventes les âmes tièdes et mille autres choses semblables. L'âme est si heureuse avec son Dieu qu'elle oublie tout, n'entend rien de ce qui se passe autour d'elle, elle se serre non sans frayeur, mais délicieusement ravie contre Celui qui est son trésor, combien qu'elle a peur de perdre. Elle se sent tout audacieuse pour dire sans voile à Jésus l'amour ardent qu'elle a pour lui, ou plutôt c'est Jésus qui lui

donne lui-même cette sainte hardiesse afin qu'elle lui prouve cet amour qu'il demande des âmes et dont son Cœur a une soif ardente, véritablement elle est au ciel.

Ce bonheur tout surnaturel ne peut se dire, ce n'est qu'en le goûtant qu'on peut comprendre ce qu'il est. Je ne puis dire le temps qui s'écoule dans ce céleste entretien, l'âme le trouve toujours trop court quand il faut s'arracher à ce bonheur, si suave et si doux, aux tendresses de Jésus et dans cette union, où elle se trouve si bien, elle aurait encore tant de choses à demander, à promettre, à recommander. Elle se résigne néanmoins sachant bien qu'elle n'a oublié personne, pensant que c'est encore obéir à Jésus, à qui elle a promis de ne rien refuser en revenant sur la terre quand on l'y oblige, mais elle supplie son divin Maître de rester avec elle, d'ailleurs elle aspire à se retrouver seule et revenir toute à son tendre Sauveur.

Très souvent l'intime union se reproduit par intervalle et par différents degrés, moins entière peut-être quoique Dieu sache bien lui montrer qu'il est le Tout-Puissant et qu'il peut la prendre avec lui, quand il lui plaît, aussi souvent qu'il veut, la laissant revenir selon son bon plaisir.

C'est toute renouvelée que je ressors de mes communions, ma faiblesse est toute transformée et je me sens capable de chérir tout ce que me demande le divin Roi de mon cœur, de rendre témoignage à sa divinité, de prouver qu'il est bien le Créateur, le Rédempteur et le Maître souverain de toutes choses, qu'il n'y a qu'une seule et vraie doctrine qui est celle qu'il a lui-même enseignée.

> Je me soumets généreusement, volontairement aux sacrifices, aux douleurs que mon Dieu dans l'Amour qu'il me témoigne daignera m'imposer encore. Je ne veux jamais lui dire non, pour rien. Je ne suis point à moi, mais à lui. Tout son bon plaisir, je souhaite l'accomplir par la médiation de la Très Sainte Vierge Marie.
>
> Mais, ô Jésus, apprenez-moi à vous aimer de plus en plus, toujours. (18 août 1930)

## *« Souffrir, aimer et prier »*

Marthe manifesta un parfait équilibre dans sa vie spirituelle ; ceux qui l'ont tant soit peu approchée peuvent en témoigner. Tout à la fois elle s'échappe pour ainsi dire du monde dans une vie volontairement cachée et participe de la manière la plus concrète à la vie des autres. Malgré ses grandes souffrances, qu'elle acceptait seulement par amour, elle était toujours détendue avec ses visiteurs, et si souvent rayonnante de joie et de gentillesse avec eux...

Elle est bien présente dans la vie des siens dont elle connaît les imperfections et pour lesquels elle veut les mêmes biens qu'elle désire pour elle-même : l'amour de Dieu et l'amour du prochain :

> Dans ma communion, j'ai bien demandé, ô Jésus, de bénir mon père, ma maman chérie, de les protéger, de leur donner le courage, la santé, de faire que je puisse leur rendre les bontés qu'ils ont eues pour moi, les bons soins qu'ils m'ont donnés, je sais qu'il n'est que lui qui peut les récompenser. (...) Ensuite je recommande à Dieu et prie pour tous les prêtres que

je connais, tous ceux qui m'ont fait quelque bien, pour l'âme de tous les prêtres et plus particulièrement les prêtres français, surtout ceux du diocèse (Valence). Ensuite je nomme tous mes amis, bienfaiteurs, tous les malades que je connais ou pour lesquels on m'a demandé de prier, toutes les âmes qu'on a confiées à mes humbles prières, pour les pauvres pécheurs, les cœurs affligés, les agonisants, les âmes du Purgatoire, pour les besoins de la Sainte Église, pour le souverain Pontife, pour la guérison morale de la France.

Ô Jésus, vous vous donnez tout à moi, mais je suis toute à vous. Je reconnais toujours plus profondément la sublime beauté de l'apostolat de la souffrance, de l'apostolat par l'amour. Seigneur Jésus, laissez brûler en moi le feu de la vraie charité, de cette charité sans laquelle tout le reste n'est rien. *Dans l'amour et la charité* tout se transforme ; on se donne, on s'abandonne, *on s'immole pour Dieu* estimant toujours bien plus son bon plaisir au mien ; ceci peut paraître difficile quelquefois, mais si c'était toujours facile, où serait la preuve d'amour donné à Dieu, car Celui qui m'a créée, rachetée, qui m'aime, me console ne peut exiger de moi une trop grande preuve d'amour. L'épreuve n'est-elle pas le puissant levier de notre avancement spirituel ? Dieu ne fait souffrir que pour bénir. Tout se transfigure dans l'amour pour qui possède la foi, la confiance et l'amour. Et puis la divine Providence n'étend-elle pas à chaque instant, sur les âmes qui espérent, sa puissante protection ?

Daignez, ô divin Jésus, permettre à celle que vous avez eu la grande bonté d'accueillir au nombre de vos servantes, et pour votre bien-aimée de vous exprimer de tout son petit cœur en cette journée d'amour ses généreux remerciements, pour les sentiments que vous avez vous-même fait naître en son cœur.

Ô Jésus, permettez que les sublimes vertus de Marie descendent et fructifient dans mon cœur. Et maintenant, o mon Dieu, laissez-moi vous louer avec la foi, l'amour, l'abandon et la flamme d'un cœur tout embrasé de vos divins attraits. (18 août 1930)

Être offerte à Jésus et à Dieu en victime consacrée, c'est pour Marthe agir au mieux de ses possibilités. Mais elle ne voit pas d'autre action, elle qui ne peut agir avec son corps, que « souffrir, aimer et prier ». Elle veut accomplir tout dans cette triple activité intime, dès ici-bas, et continuer à aimer et prier au ciel où « elle a douce confiance » d'aller par la grâce de Dieu. Sa part est « bien belle », c'est celle-même de Jésus et Marie. C'est en union avec eux que sa vie est féconde. Grâce à sa divine et tendre Mère qui vient toujours à son appel, sa vie de prière et d'amour ne fera que s'intensifier : « Bienheureux Séraphins, ce n'est pas votre bonheur que j'envie, non, c'est votre amour. »

Son style se fait poétique, ce n'est pas du reste la première fois : « Blanche petite violette », elle se laisse pénétrer seulement par « les rayons du soleil printanier » que sont « les rayons du divin Soleil de l'Amour ».

Marthe est un modèle pour l'apostolat des malades ou handicapés ainsi que de tous ceux qui souffrent de souffrances morales qui les dépossèdent d'eux-mêmes. Loin d'être stérile, son action – souffrir, aimer et prier – est « combien féconde ». Durant toute sa longue vie, clouée sur son lit de douleur, Marthe expérimente pour « sa part », ce que le concile Vatican II dit de la Vierge Mère au pied de la Croix :

> La bienheureuse Vierge avança dans son pèlerinage de foi, gardant fidèlement l'union avec son Fils jusqu'à la Croix, ou, non sans un dessein divin, elle était debout, souffrant cruellement avec son Fils unique, associée d'un cœur maternel à son Sacrifice, donnant à l'immolation de la Victime, née de sa chair, le consentement de son amour, pour être enfin, par le même Christ Jésus mourant sur la Croix, donnée comme sa Mère au disciple, par ces mots: «Femme, voici ton fils. (*Lumen Gentium*, n. 58)

Marthe sait que la Compassion de sa Mère fut insondable. Elle vient y puiser à tous moments, surtout de grandes souffrances:

> Et lorsque ma chère maman fut malade, que de dévouement! que de belles âmes vous avez, ô mon Dieu, dans votre troupeau béni! que de sollicitude autour de nous et de soins pour nous, pour soulager ma petite maman. Ô mon Dieu! Vous Seul savez tout ce qu'aura souffert votre petite victime et combien poignante à son cœur a été l'épreuve de ne pouvoir soigner et soulager celle qui est si bonne pour moi et à qui, après vous, je dois tout. Je ne pourrai pas prouver ma reconnaissance ni rendre en œuvres sur la terre tant de bienfaits, puisque ma vie est enchaînée par l'amour mais si mon Dieu m'accorde la grâce comme j'ai la douce confiance d'aller le rejoindre au Ciel bientôt, je prierai et intercéderai pour tous selon mes promesses et je me souviendrai que je dois les aider à gagner le Ciel. Ah! comme je sais bien que Jésus supplée tout de suite à l'incapacité et à l'extrême indigence de son humble petite victime en considérant tout ce qu'on fait en son nom et au plus petit d'entre les siens, comme fait à Lui-même.

L'action m'est refusée ici-bas, mais Jésus me donne d'exercer celle de la prière, de l'amour dans la souffrance, dans les sacrifices inconnus. Elle parait stérile dans le monde, mais combien féconde devant Lui, ma part est bien belle, c'est la part de Jésus et de Marie, c'est le part des anges dans le Ciel qui adorent et qui prient. Ô Anges du Ciel ! Bienheureux Séraphins ce n'est pas votre bonheur que j'envie, non, c'est votre amour.

Nuit et jour ma vie se résume en trois mots : souffrir, aimer et prier. Apprenez-moi, mon Dieu, à ne voir que vous, à n'aimer que vous, à n'aimer que ce que vous, vous aimez, à ne faire que ce que vous voulez ; vous-même avez dit, ô Dieu d'amour : « mes délices sont d'être avec les enfants des hommes. » Mes délices aussi, ô Seigneur, sont d'être avec Vous. Laissez-moi, donnez-moi de vous le prouver à chaque instant.

Penser à Dieu, c'est prier. Toute bonne pensée quand l'âme est en paix, que le cœur est calme, élève et porte au bien. Comme la rose laisse toujours de son parfum à la main qui la cueille ; mais s'il est des fleurs qui n'ont pas de senteur, il est aussi des pensées qui ne laissent rien au cœur qui les formule. Pour que la pensée laisse son parfum dans le cœur et élève l'âme et soit féconde il faut qu'elle soit pieuse et pure. Le cœur qui aime n'a pas de peine à se tenir élevé et uni à Jésus. Très doux Jésus, donnez à toutes les âmes l'amour des saintes pensées et de la prière. Dans le monde entier il y a une foule de grandes et saintes âmes qui travaillent à la vigne du Seigneur et se dévouent à la moisson de la charité et de l'apostolat pour la plus grande gloire de Dieu. Moi qui ne suis qu'une très petite âme, je me donne, m'immole pour son bon plaisir, je veille près de Lui, avec Lui pour Le consoler en tout.

Je n'ai qu'une grande ambition, qu'une unique envie et c'est celle de la modeste petite violette des champs qui humblement dissimulée sous les feuilles ne se laisse deviner des passants que par son suave parfum, mais ne se montre et n'ouvre sa blanche corolle qu'aux rayons bienfaisants du soleil, ainsi je ne veux être devinée et connue que du divin Soleil des âmes, heureuse dans ses mains protectrices, sous ses divins regards et pour son cœur bien aimé. Oh oui ! ne m'épanouir qu'avec Jésus et pour Jésus... blanche petite violette dont la vue et le discret parfum lui soient un bonheur, une joie, un dédommagement. D'ailleurs ne suis-je pas toute à Dieu, victime d'expiation et de pénitence pour les pécheurs. Plus que jamais je dois vivre dans une pureté sans tache de cœur et d'esprit afin d'attirer sur moi et sur toutes les âmes l'abondance des miséricordes et des bénédictions de Dieu.

Que par les mérites de mon Sauveur Jésus, la puissante intercession de Marie, soient rendues efficaces mes souffrances, mes larmes, mes prières, mes sacrifices obscurs. Je rends grâces à l'Amour de daigner recevoir et accepter mes souffrances comme un baume de consolation pour son cœur affligé, mes renoncements comme un parfum agréable, enfin mon union intérieure avec Lui pour le gage de mon amour. Je sens bien que je porte sur la tige de mes jours de douleurs les blanches roses du divin amour. Dans toutes mes peines je reste confiante... j'attends, je sais que Jésus est là quand même il se cache ; je n'ai pas peur,

> bien certaine qu'il empêchera toujours que la douleur m'écrase, que la tentation m'accable au point de me faire succomber.
>
> J'invoque ma divine et tendre Mère, sûre qu'Elle viendra auprès de son enfant, et en gémissant, mes souffrances se multipliant toujours, je multiplie mes actes d'offrandes, mes prières, ma vie d'amour. Dans son agonie Jésus priait toujours. Ô Jésus ! mes délices et ma vie, ô le Dieu de mon cœur ! comme la blanche violette au soleil printanier, je n'avais jamais laissé pénétrer l'intérieur de mon âme que par les rayons du divin Soleil de l'Amour. (28 août 1930)

Marthe, en un même style poétique, insiste sur l'importance de la présence maternelle de Marie, le jour où l'Église célèbre sa naissance qui est aussi, pour Marthe, un jour de communion sacramentelle :

> Il vient à moi aujourd'hui Celui qui est ma voie, mon soutien et ma vie. C'est Marie, ma si bonne Mère qui aujourd'hui va me donner son doux Jésus et qui va me donner à lui. Comme je suis toute par Marie et que l'on plaît beaucoup à Jésus quand on aime tendrement et fidèlement sa tendre Mère ! Je vais donc m'appliquer avec ardeur chaque jour à jeter des fleurs [réminiscence de Thérèse de l'Enfant-Jésus] sur le berceau immaculé de Marie, mes fleurs seront des blanches roses d'amour et de charité, des lys de pureté, des pensées pour l'imiter, des violettes d'humilité, des pâquerettes d'espérance, des œillets de fidélité.
>
> Ô Mère chérie, rendez mon cœur profondément humble, épris de simplicité, dévoré d'amour sacré, toujours recueilli. Ô Vierge pure douce et sainte,

faites que je reçoive Jésus dans mon âme avec tout l'amour qu'il désire.

Ô Sauveur Jésus, venez et descendez dans mon cœur. Venez sans retard, Dieu si bon, déversez dans mon âme les puissants attraits qui la ravissent en vous. Ô Roi des rois, Saint des saints, ô vous, le désir des Nations, radieux Soleil de beauté et d'amour ! Ô gloire et délices ! Ô divin pain des anges, Seigneur Jésus ! Venez. Tout mon être soupire après vous, mon cœur vous attend avec respect, mon âme vous désire avec tendresse.

Ô Jésus, ma vie ! Mon cœur est bien, bien pauvre, je le sais, pour vous recevoir, mais vous avez bien voulu naître dans l'humble étable de Bethléem, j'espère que vous ne dédaignez pas de venir en moi. Ô Vierge si pure, ornez vous-même le petit Bethléem de mon cœur. (8 septembre 1930)

En un autre jour de communion, elle supplie sa Mère de l'aider « à aimer et à faire aimer » son Dieu si bon (Thérèse). Aujourd'hui c'est la petite victime qui s'applique à recevoir Jésus avec un amour sans réserve par celle qui « fut la parfaite initiatrice » de sa vie :

Ô Jésus, soyez mon refuge. Vous qui êtes ma joie, venez dans le cœur qui vous aime, qui est, sera à vous. Venez, prenez-le, fondez-le dans le vôtre. Ah, que ne puis-je vous faire aimer de toutes les âmes comme je vous aime. Ô Mère de mon Dieu, ô ma douce espérance et mon soutien toujours, aidez-moi à aimer et à faire aimer ce Dieu si bon qui va descendre en moi et que vous désirez si ardemment nous voir aimer. Venez, ô Jésus bien-aimé, tout en moi vous appelle et a soif d'être à vous.

Ô Bonté, Beauté suprême, tout en moi est de vous. Ce n'est pas les miettes de ma tendresse et les restes de mon cœur que je désire vous donner, je vous ai aimé, je vous aime et veux vous aimer d'un amour de feu et de folie. Ô Jésus, ma vie ! Ô le Bien-Aimé de mon cœur, votre petite victime n'a d'autre application et d'autre ardeur que celle de vous aimer uniquement, généreusement, infiniment, éternellement. J'ai tant besoin de vous ; tout mon être a besoin de vous. Ô Jésus, restez dans mon cœur, je veux vous garder. Ô Roi de gloire, vous êtes mon prisonnier, je vous possède, vous êtes tout à moi, faites que je grandisse chaque jour en sagesse, en bonté, en résignation, que je disparaisse, qu'il ne reste plus que l'amour vivant et régnant en moi. Vous êtes mon modèle et je cherche tant à vous imiter. Ô Jésus, vous avez été doux et humble de cœur. Je veux l'être à mon tour. Vous avez aimé tout le monde même vos plus cruels ennemis, vous avez prié pour tous, donnez-moi de vous imiter, c'est cela que je veux.

Ô Marie, vous qui futes la parfaite initiatrice de la vie de Jésus, obtenez-moi la grâce d'être fidèle à tous mes engagements. Tout aimante Vierge Marie vous qui m'avez donné Jésus et qui me donnez à lui, donnez-moi sans retour. Être à Dieu en toutes choses m'est tout, rester ignorée dans l'humble sphère où sa bonté me veut ; y gravir toujours le droit chemin qui mène à la lumière en souffrant, c'est vrai, en pleurant aussi, mais ne suis-je pas dans les bras du Tout-Puissant ?

L'amour a des ailes...

Ô Jésus, laissez-moi déverser sur mes parents, sur ceux que j'aime, sur les âmes que vous voulez, les effluves de votre Cœur.

> Sainte journée, puisses-tu ne pas finir. (22 septembre 1930)

## *Elle prend de plus en plus conscience de la « médiation maternelle » de Marie*

Dès le début du mois d'octobre de cette année 1930, Marthe prend conscience que l'initiative de sa vie de victime immolée n'appartient qu'à Dieu et comme il veut. « Mes yeux aveuglés de larmes, je baise amoureusement votre main, ô mon Dieu. » C'est une vie nouvelle qui commence. Elle a désiré se donner totalement à son Époux, il la prend au mot, si l'on peut dire, et d'une manière qui l'ensanglante. Ces larmes qui l'aveuglent ne sont-elles pas, dès ce jour, les larmes de sang qui la modèlent sur le Crucifié ? « Je te veux comme moi »... Jamais, peut-être, Marthe n'aura compris aussi vivement l'aide maternelle de Marie, la Vierge des douleurs :

> Mon Dieu, je crois que tout ce qui arrive est juste et bon pour ceux qui croient en votre Amour et qui savent comprendre. Oh, cet après-midi, qu'il m'a fait mal !
>
> Mon Dieu, je vous aime. Ayez pitié de moi. Que j'ai mal dans mon âme, dans mon cœur, dans mon corps, ma pauvre tête semble brisée. Je ne sais plus rien ; que de lutte, mais je sais que, pour vaincre, il faut savoir souffrir. Je sens une telle lassitude en moi, la douleur crie si fort, et personne pour m'aider. Il me semble que je touche au dernier degré de mes forces. Ô mon Amour crucifié, n'est-ce pas vous qui m'apprenez jour par jour à m'oublier ? Quand verrai-je mon Dieu dans la terre des vivants ? Soutenez-moi, ô

Jésus. Ici-bas la douleur ne finit jamais, quand elle a meurtri le corps et le cœur, elle meurtrit l'âme ; quand elle a meurtri le cœur, elle meurtrit de nouveau l'âme et le corps. Elle est le ressort qui soulève de la terre, elle rend l'âme céleste. Dieu se penche vers elle pour la soutenir, et l'ange des saintes espérances descend pour la fortifier et la consoler.

Quand on suit Jésus dans la voie douloureuse, la voie des souffrances et des larmes, on apprend bien vite que le Dieu qui afflige est aussi le Dieu qui console de tout ; et ce qui paraît le plus austère, c'est-à-dire le renoncement, le sacrifice n'effraient plus le cœur qui aime Dieu et n'appartient qu'à lui. Ce n'est plus un fardeau ni un joug mais plutôt un autel. Rien n'est beau devant Dieu que l'oblation de soi-même quand on souffre.

La souffrance récompense, obtient et satisfait pour tant de choses. De toute mon âme douloureuse, de tout mon cœur meurtri, mon corps torturé de souffrances, les yeux aveuglés de larmes, je baise amoureusement votre main, ô mon Dieu. (1er octobre 1930)

Tout devient de plus en plus mystère pour moi ; mais qu'ai-je besoin de savoir ; ce n'est pas à moi ni à personne à sonder les secrets de Dieu. Je n'ai qu'à adorer, accepter, bénir et m'abandonner pleinement à la Providence.

Si le Seigneur me veut encore ici, c'est que j'ai encore besoin de me sanctifier pour me sauver. Je mangerai encore le pain de la douleur, les raisons de Dieu sont des mystères que je ne dois pas pénétrer. Adorer sous le voile.

Ô Vierge Marie, faites que je sois chaque jour plus docile, plus patiente, plus simple. Qu'on m'ignore et qu'on m'oublie, je ne demande pas que Dieu fasse en moi des choses visibles, mais uniquement d'être une humble petite enfant, douce et humble de cœur.

Mon Seigneur et mon Dieu, à vous je m'abandonne. Vous me voulez ici, j'y demeure et ne ferai rien pour en sortir ; si vous me voulez ailleurs, je le veux. Je sais, ô Jésus, que toujours et partout vous me garderez pour vous. (8 octobre 1930)

La confiance, la force et l'amour renouvelé, voilà ce que lui donne l'Eucharistie dans ses communions. Son cœur «devient le temple vivant de la divinité». Les souffrances sont là, mais le cœur est apaisé. Grâce à l'Esprit-Saint, de qui vient tous les dons, et par Marie, sa Mère, qui l'assiste pour recevoir Jésus, Marthe est comblée :

Ô merveille et bonté, que le Seigneur est admirable dans tout ce qu'il fait, particulièrement dans l'Eucharistie. Avec elle nous recevons tout la grandeur et la majesté de Dieu, toute la plénitude de sa divinité ; toutes les vertus, toutes les perfections de sa très sainte humanité, toute sa bonté et sa libéralité, toute sa miséricorde et tout son amour. Enfin tous ses mérites qui sont inconcevables. Notre cœur devient le temple vivant de sa divinité, autant de fois que nous le recevons humblement. Combien ce doux Sauveur est jaloux de posséder à lui seul le cœur dans lequel il a résidé corporellement et il prend ses délices quand le cœur lui reste fidèle et il trouve ses délices en lui.

Qu'une âme est heureuse dans ce seul à seul avec son Sauveur, dans le sanctuaire de ce temple spirituel qui est son cœur !

Que je ne sois pas moins jalouse de garder mon cœur tout à Dieu qu'il ne l'est lui-même de le posséder sans partage:

Non, le Seigneur dans toute sa bonté et sa tendresse ne pouvait nous donner rien de plus que de se donner à nous; nous ne pouvons nous-mêmes rien lui donner de mieux que notre cœur et tous les trésors de notre cœur.

Jésus dans mon âme! Jésus, le pain de qui je vis, l'eau vive qui apaise l'ardeur de ma soif!

Vierge Sainte, ma douce espérance, aujourd'hui, venez à mon aide, préparez mon âme, ornez-la de vos divines vertus autant qu'une pauvre créature puisse en être ornée, qu'en tout j'accomplisse parfaitement la sainte volonté de Dieu et que j'observe dans toute sa sublimité la charité par l'amour. Apprenez-le moi bien, ô Vierge! Esprit Saint, accordez à mon âme indigente vos dons précieux afin qu'à l'instant où Jésus va descendre, il y trouve autant d'amour qu'il en désire.

Mon Roi, mon Seigneur, mon Dieu, je ne suis qu'une petite victime, une petite hostie qui veut unir son sacrifice au vôtre à l'autel, faites que je l'unisse bien. Donnez-moi la simplicité, la fidélité, la persévérance et toujours plus d'amour, une plus solide union dans l'Oraison et la sainte Communion, une humilité plus profonde, une charité plus parfaite et la patience la plus douce; Que je vive toute fixée en vous.

Ô Roi des cœurs, je suis faible, bien faible, soutenez ma faiblesse, animez mon courage; Vous êtes ma force, je m'abandonne à vous, divin Époux de mon âme, ce que vous voulez, je vous le donne. Seigneur, est-il assez prêt ce petit cœur qui va devenir votre trône?

> Marie, pleine de bonté, depuis longtemps vous avez plein pouvoir sur votre enfant ; faites les derniers préparatifs pendant que j'attends Jésus que mes lèvres appellent et bénissent, et demandent de faire en mon cœur le même miracle qu'il opère dans la sainte Hostie.
>
> Maintenant, Seigneur, descendez dans le cœur de votre enfant ; il lui tarde de vous remercier, de vous dire ses secrets ! Ô Jésus, ma vie et mon courage, venez, j'ai tant besoin de vous pour résister aux attaques du démon et rester vaillante et aimable envers tous. Soyez mon modèle. vous l'êtes, mais faites que je vous imite ! J'espère tout de votre bonté ! (13 octobre 1930)

Son expérience s'approfondissant, surtout depuis qu'elle est entrée dans une vie mystérieuse de « sanglante » immolation, qui la tourne plus encore vers sa Mère dont elle attend un secours sans relâche, Marthe comprend de mieux en mieux comment Marie est Médiatrice. Sa médiation a une double caractéristique : Reine du monde de la grâce divine, Marie est l'Avocate par excellence pour nous auprès de Dieu ; « mais dire que Marie est Reine du ciel et de la terre est très beau, très vrai ; dire qu'elle est la Mère de tous les cœurs, Médiatrice de toutes les causes qui pénètrent au ciel est plus sublime encore. » Cette « médiation maternelle » est engendrante de vie divine.

Ici Marthe donne comme un enseignement, fruit de sa contemplation au cœur de sa vie quotidienne :

> Je relève un point de la conversation où il fut question de la vie d'union à Jésus par Marie, d'aimer Jésus en allant à Marie, de faire régner Jésus en nous par Marie. Quoi de plus essentiel ? Dieu nous a donné Jésus par Marie, donc il faut aller à Marie pour atteindre

Jésus. [Elle connaît Louis-Marie Grignion de Montfort]. « Nul ne va à mon Père sans ma permission », (dit Jésus) ; (Marthe ajoute :) « nul ne peut venir jusqu'à moi sans venir par ma Mère. » Marie n'est pas l'auteur de la grâce, mais elle est Reine du monde de la grâce. Bien au-dessus des anges, rien ne lui reste voilé. Elle pénètre les confins de la Trinité, les confins de la Divinité. L'amour du Seigneur pour sa sainte Mère est incomparable. La Vierge est tout sur le Cœur de Dieu. Elle en est la trésorière bien-aimée, la médiatrice toujours agréée, la distributrice toujours approuvée, la distributrice vigilante et souveraine.

L'âme qui choisit Marie pour Avocate est sûre que ses prières, ses demandes seront exaucées. Jésus ne refuse rien à Marie. Elle n'a pas besoin de demander, elle puise. Tout droit lui est concédé. Le Seigneur a mis en elle toutes ses complaisances. Marie c'est la Vierge puissante, la Vierge pleine de bonté, la porte du ciel, Notre-Dame d'Amour. Elle écoute la prière qui jaillit du cœur pur, humble, simple et confiant. On ne peut faire régner Jésus dans les cœurs, dans les familles, dans les paroisses et dans la patrie, qu'en établissant, en propageant le règne divinement bienfaisant de Marie. Aimer Marie, c'est rendre à Dieu un honneur incalculable, c'est combler d'hommage et de gloire le divin Cœur de Jésus. Qui aime vraiment Marie peut s'estimer bien heureux, car il est sûr d'être aimé du Sauveur. Ah, si l'on pouvait concevoir toutes les merveilles opérées par Marie dans les âmes ! Dire que Marie est Reine du ciel et de la terre est très beau, très vrai ; dire qu'elle est Mère de tous les cœurs, médiatrice de toutes les causes qui pénètrent au ciel est plus sublime encore... (26 octobre 1930)

Et cependant Dieu doit être l'objet premier de notre regard de foi ; on devrait donc dire qu'il faut aller à Marie par Jésus. C'est du reste l'argument décisif de ceux qui refusent la médiation mariale sous la forme « A Jésus par Marie ». Marthe prend conscience de ce problème dont elle vient de discuter ; elle affirme que Jésus est l'« unique Médiateur ». C'est vrai, on va à Marie par Jésus, « parce qu'il est Roi, parce qu'Il est Dieu ». Et Marie est une personne créée, comme chacun de nous. Par elle-même elle n'a aucun pouvoir d'entrer dans l'intimité de Dieu, même de son Fils dont la Personne est divine, encore moins de nous amener vers lui. « Il n'est rien d'extraordinaire dans sa vie, dit Marthe, sauf sa présence sublime au Calvaire. »

Tout est là. Au Calvaire, Marie montre une « parfaite union à Dieu ». Marthe en conclut : « C'est sur sa vie intérieure qu'il faut baser la nôtre. » Elle est parfait modèle pour nous.

Il y a dans ce texte la preuve d'une expérience authentique de grande intimité avec Dieu et Marie, de la part de Marthe. C'est le reflet d'une vraie théologie, qui ne vient pas des livres, mais de sa vie de victime immolée. Si Marie n'est rien par elle-même, Dieu l'a élevée, dans sa divine Maternité, à une hauteur qui dépasse celle de tous, même celle des anges, par un choix tout gratuit. Marie y a répondu librement, de cette liberté qui est toujours parfaite lorsqu'elle répond totalement à l'appel de Dieu. Marie, l'Immaculée, n'a pas failli à l'Amour durant sa vie qui fut tout ordinaire. C'est pourquoi au Calvaire, la Femme, Nouvelle Ève, ne fait plus qu'un avec l'Homme, Nouvel Adam. Marie vit désormais, comme Reine et Mère, dans la source de la toute-puissante et unique Médiation de son Fils où elle puise en pleine souveraineté et liberté les trésors de la divine Grâce qui sauve l'humanité pécheresse. Voilà, pensons-nous, comment Marthe a vécu dans sa vie de victime immolée la souveraine médiation maternelle de la Vierge. Son expérience est infiniment supérieure à la meilleure des explications du théologien ! Certes, elle ne le dit pas ; mais elle fait judicieusement remarquer qu'il faut beaucoup d'humilité pour reconnaître en une créature aussi simple que Marie sa toute-puissante médiation maternelle dont Dieu a voulu faire « don » à l'humanité et, qui plus est, un don nécessaire pour le salut. Non seulement on peut aller, mais on doit aller « à Jésus par Marie ». Si on n'a pas « l'attrait de l'humilité », on refuse d'aller à Jésus par Marie.

Écoutons Marthe, après avoir déjà entendu d'elle comment Marie est, en dépendance de son Fils, Médiatrice et comme Avocate et comme Mère :

> On va très facilement à Jésus parce qu'il est Roi, parce qu'il est Dieu mais pour comprendre la dévotion à Marie, il faut avant tout avoir l'attrait de l'humilité vu qu'il n'est rien d'extraordinaire dans sa vie, sauf sa présence sublime au Calvaire.
>
> Marie ne fit pas de miracle par elle-même, c'est vrai, tout reste simple, obscur, caché, accessible à toute créature.
>
> Cette absence d'extraordinaire dans la vie de la Reine du ciel est la plus pure merveille. Et puis ! qu'en savons-nous ? Dieu voulant nous donner la Sainte Vierge pour modèle, pour exemple, a voulu que sur la terre, sa vie fut plus imitable qu'admirable. Il voulait que toutes les âmes puissent se sauver par Jésus et Marie.
>
> Si dans la vie de la Sainte Vierge il n'était parlé que de faits éclatants et sublimes, d'actes merveilleux, combien peu d'âmes oseraient la prendre pour modèle. D'ailleurs, c'est sur sa vie intérieure toute faite de parfaite union à Dieu qu'il faut baser la nôtre.

Cette faveur nous ne saurions la mériter, mais nous pourrons l'obtenir de notre Mère miséricordieuse par la prière de confiance et l'amour. L'âme unie à Marie avance tous les jours vers les sommets de la perfection. Quel exemple de vie intérieure à puiser dans la vie de l'âme de Marie ! En elle se trouve la plénitude de l'espérance, de la vie et de la vertu.

Notre Seigneur a dit : « Le Royaume des cieux n'est pas pour les orgueilleux. » Nul n'entrera dans la sainte Patrie s'il n'est revêtu de pureté et d'innocence. Rien ne prouve mieux que Marie est notre modèle de choix. La sainteté est aux âmes qui aiment vraiment Marie.

Je voudrais pouvoir écrire encore longuement ; il y aurait tant à dire sur Marie et de si belles choses ; mais je m'en tiendrai là, je me sens trop mal habile, trop nulle ; j'aime mieux la pratique que le développement, la vertu que l'éloquence, laissant aux esprits doués l'honneur de faire des descriptions ; du reste, mon cœur est vraiment en lambeaux, pour avoir trop saigné – ce cœur que les douleurs et la vie ont tant torturé. Dieu connaît le nombre de fois qu'on aura plongé et retourné le couteau dans la plaie...

Mon Dieu, de vous seul est connu tout ce que vous demandez à l'âme, que vous prenez pour vous. Ô mon céleste Ami, tout seul vous connaissez dans quel bain vous avez plongé, dans quelle prison vous avez enfermé, de quel feu vous avez purifié, de quelle eau vous avez lavé, avec quel instrument vous avez ciselé votre petite créature.

Elle vous rend grâces et vous bénit d'avoir posé votre main sur son cœur, d'avoir empêché ses lèvres de s'entrouvrir pour parler ; si peu en aurait-elle dit, elle aurait pu vous déplaire. Y aurait-il pour elle plus grande désolation ?

Mon Dieu et mon Refuge, merci de m'avoir donné une nature si ardente, un cœur si vibrant, une âme si paisible. Merci de m'avoir appris à garder le silence. C'est bien à vous que je le dois, mon Dieu ! Petite fleur du silence, reste toujours au fond de mon cœur. (26 octobre 1930)

Manifestement Marthe rejoint Thérèse de l'Enfant Jésus dans leur contemplation de Marie, nous allons le constater. Marthe a confirmé, au P. Finet, cette grande ressemblance. Il est cependant à noter que leurs mêmes arguments s'orientent dans des perspectives différentes : Thérèse veut montrer que la grandeur de Marie n'éclipse pas la gloire de ses enfants, bien au contraire « elle augmentera de beaucoup la splendeur des élus. » Marthe, nous l'avons vu, veut, selon la spiritualité mariale de Grignion de Montfort, entraîner les chrétiens à « aller à Jésus par Marie ». Chez Marthe et Thérèse, il y a un même souci de traduire en vérité ce qu'elles vivent dans leurs expériences de victimes d'Amour. Le texte de Thérèse est d'autant plus intéressant qu'il a paru pour la première fois dans le livre qui relate les « derniers entretiens » de la sainte, sous le titre : *Novissima verba*, en 1927. Or Marthe n'a connu, semble-t-il, que l'*Histoire d'une âme*, dont elle fait souvent mention dans ses écrits. C'est dire combien elles « vivaient » en symbiose, Marthe étant bien celle à qui Thérèse a demandé d'être comme son « relais ».

Voici comment Thérèse aurait voulu "être prêtre pour prêcher sur la Vierge Marie" :

« J'aurais d'abord montré à quel point la vie de la Sainte Vierge est peu connue. Il ne faudrait pas dire d'elle des choses invraisemblables ou qu'on ne sait pas : par exemple que, toute petite, à trois ans, elle est allée au Temple s'offrir à Dieu avec des sentiments brûlants d'amour et une ferveur extraordinaire, tandis qu'elle y est peut-être allée tout simplement pour obéir à ses parents... On montre la Sainte Vierge inabordable, il faudrait la montrer imitable, en donner des preuves tirées de l'Évangile... On sait bien que la Sainte Vierge est la Reine du ciel et de la terre, mais elle est plus mère que reine, et il ne faudrait pas faire croire (comme je l'ai souvent entendu dire) qu'à cause de ses prérogatives elle éclipse la gloire de tous les saints, comme le soleil, à son lever, fait disparaître les étoiles. Mon Dieu, que cela est étrange ! une mère qui fait disparaître la gloire de ses enfants ! Moi, je pense tout le contraire, je crois qu'elle augmentera de beaucoup la splendeur des élus » (*Novissima Verba*, pp. 154-157).

En la fête de l'Immaculée Conception, de cette année 1930, après avoir été « immolée » par Jésus à son image de Victime, Marthe prend une conscience aiguë de la pénétrante médiation maternelle de la Vierge Immaculée dans sa vie quotidienne d'abandon à Jésus seul :

*Fête de l'Immaculée Conception* – Belle journée aujourd'hui, c'est la fête privilégiée de Marie, fête qu'Elle doit aimer entre toutes ses fêtes. C'est pourquoi nous devons la célébrer avec la plus grande ferveur, le plus tendre amour, tant de faveurs sont attachées à cette fête bénie ! Gloire à Vous, ô mon Dieu ! qui nous avez donné Marie pour Mère. Honneur et Gloire aussi à vous, ô Marie. Ô vous la Bien Aimée du Seigneur. Permettez que j'unisse mes faibles hommages d'admiration, de respect et de gloire. aux esprits célestes, à toutes les saintes âmes de la terre qui célèbrent votre Conception Immaculée.

Je vous loue, ô Marie ! Que toute la terre et les Cieux admirent votre pureté sans tache, ô Vierge Mère du Sauveur ! Faites que dans le monde entier toutes les âmes coupables aient recours à vous, ô divin refuge des pécheurs, que tous les cœurs chrétiens s'unissent pour célébrer et proclamer hautement votre conception toute divine [...] [Marthe veut dire ici que cette conception humaine est, par grâce *divine*, immaculée].

Ô Immaculée Vierge Marie ! Mère de notre Sauveur, votre clémence et votre puissance s'étendent sur tous les mortels comme une aurore bienfaisante. Ô Mère de miséricorde, soyez le secours, le soutien de tous les pauvres affligés, la consolation de ceux qui pleurent, le remède des malades, je vous en supplie, ô Marie.

Vous qui êtes la fille bien aimée de Dieu le Père, la mère immaculée de Dieu le Fils, l'épouse de l'Esprit Saint, vous que l'archange a saluée pleine de grâces, soyez notre avocate, demandez miséricorde pour les pécheurs.

Ô Marie, soyez l'étoile qui me guide, ma lumière dans les ténèbres, mon courage dans l'épreuve, mon refuge dans la douleur. Ô Marie pleine de clémence, ô ma Mère, ne m'abandonnez jamais. Obtenez-moi de partager bientôt votre bonheur dans la félicité des Anges et des Saints.

Par vos mains toutes pures, Dieu répand l'abondance de ses grâces et de ses faveurs : Marie, mon espérance, priez pour moi et je serai sauvée. N'obtenez-vous pas par vos prières tout ce que vous voulez. J'en suis indigne, je le sais, mais je sais aussi que vous n'abandonnez jamais ceux qui vous aiment.

Ô Vierge ! plus pure que le Ciel, protégez moi, protégez ma famille chérie, protégez tous vos enfants, comblez-nous de vos faveurs, ornez-nous de vos vertus. Vous êtes notre Avocate, demandez miséricorde pour vos pauvres pécheurs.

Que tous les cœurs et toutes les âmes s'unissent pour célébrer avec amour votre Immaculée Conception, ô Marie !

Les peines augmentent, la nuit devient plus épaisse, ô ma bonne Mère, dites bien à Jésus, quand même il reste caché, que je veux tout et accepte tout jusqu'au dernier soupir, si tel est son secret. De ma confiance en lui jaillissent les étincelles qui illuminent le chemin dans lequel je dois avancer. Mon ambition, vous la savez, très Sainte Mère, c'est d'être toujours plus humble en aimant toujours plus. Qu'importe à l'amour l'épreuve que Dieu lui demande ! Quand on aime on trouve tout bien, rien n'arrête, rien ne rebute, rien ne coûte. Ce qui fatigue ceux qui n'aiment pas fait la force des autres.

Les nuages de l'âme passent comme ceux du firmament. Profondément unie à Dieu, j'aime mieux mon prochain particulièrement les pauvres, les pauvres de cœurs, ceux que personne n'aime, ne cherche à pénétrer, à comprendre.

Ô Vierge pleine de bonté, douce compagne de ceux qui pleurent, qu'avec vous je sois un peu la consolatrice des affligés.

Une parole de bonté est une caresse à l'âme. Je suis bien pauvre mais le trésor de ma Mère est un trésor incomparable. Je lui tends la main comme une petite mendiante au riche compatissant et la supplie au nom de Jésus de me donner quelque chose.

Je donne à tous, me dit Marie et ne demande pour cela qu'un cœur aimant et bien fidèle. Il ne suffit pas de nous consacrer et de nous donner tout entière et sans réserve une fois à Marie, nous sommes si faibles, si fragiles, que nous avons toujours tendance à quitter ses bras. C'est donc chaque jour qu'il faut nous donner et nous remettre sous son manteau maternel, sous sa blanche lumière.

Ainsi nous pouvons dire : Marie est ma Mère pour l'éternité.

8 décembre 1930

À noter que Marthe devance le concile Vatican II en disant :

> Vous qui êtes la fille bien-aimée de Dieu le Père, la Mère immaculée de Dieu le Fils, l'épouse de l'Esprit Saint, vous que l'ange a saluée pleine de grâces...

Le pape commentant le concile dit :

> Marie est « pleine de grâce » parce que l'Incarnation du Verbe, l'union hypostatique du Fils de Dieu avec la nature humaine, se réalise et s'accomplit précisément en elle. Comme l'affirme le concile, Marie est « la Mère du Fils de Dieu, et, par conséquent, la fille de prédilection du Père et le sanctuaire du Saint Esprit ; par le don de cette grâce suprême, elle dépasse de loin toutes les autres créatures dans le ciel et sur la terre » (*Lumen Gentium*, n. 53) (*Redemptoris Mater*, n. 9)

Le pape vient de citer *Lumen gentium*, qui dit que Marie est « le sanctuaire du Saint Esprit ». Mais Jean-Paul II utilise l'expression : « épouse du Saint Esprit » ; par exemple, parlant de la mission du Saint Esprit sur les Apôtres, au Cénacle :

> L'Esprit Saint est déjà descendu sur Marie ; elle est devenue son *épouse* fidèle à l'Annonciation... (*ibid.*, n. 26)

L'image de « sanctuaire du Saint Esprit », donnée dans *Lumen gentium* représente la conception de Jésus par l'Esprit en Marie. L'expression «épouse du Saint Esprit», chère à Grignion de Montfort et au pape... et à Marthe, signifie davantage le caractère spirituel et divin de la mission du Saint Esprit à la personne de Marie – âme et corps – pour que le Verbe s'incarne en elle. Cette mission de l'Esprit, le concile l'affirme dans le «décret sur l'activité missionnaire de l'Église», en l'assimilant aux missions sur les Apôtres à la Pentecôte et sur Jésus à son Baptême dans le Jourdain:

> C'est à la Pentecôte – lorsque l'Esprit Saint descendit sur eux – que les Apôtres commencèrent leur activité, tout comme c'est lorsque le Saint Esprit vint sur la Vierge Marie que le Christ fut conçu et lorsque le même Esprit descendit sur le Christ pendant sa prière (au Jourdain) que le Christ fut poussé à commencer son ministère (*Ad gentes,* n. 4).

C'est dans ce sens que l'hymne «acathiste» de l'Orient chrétien dit que Marie est «l'épouse inépousée» du Saint Esprit.

## *Dans la nuit de la foi, toute en Dieu*

Le jour où l'Église célèbre la nativité de la Vierge, en 1931, Marthe, au cœur de «la nuit de la foi dans la nuit de Dieu», peut reposer en paix avec Celui qui est «l'Âme, le Cœur, le Centre, le Foyer de son Amour». Elle souffre, certes, mais elle sait que Marie «l'aime, l'enfant de ses douleurs»:

> Si j'aime, comme toutes les âmes, ses douces et suaves tendresses, je l'aime (Jésus) plus encore dans la croix sanglante, la pure souffrance. C'est lui ma joie et mon amour; je goûte un bien plus immense bonheur à l'aimer qu'à jouir de ses faveurs.
>
> C'est la nuit de la foi dans la nuit de Dieu; mais la divine paix subsiste profonde, toute rayonnante de

confiance et d'abandon au Christ Jésus. Mon âme est toute pénétrée et comme enveloppée de paix divine, de vie divine. Je sens que demeure en moi, avec moi, la présence cachée, mais réelle de Celui qui est l'Âme, le Cœur, le Centre, le Foyer de mon amour.

Serait-il possible qu'une petite âme qui garde en elle la présence intime de Jésus se laissât effleurer par des pensées déprimantes ? Pourrait-il ne pas être toute à la joie l'enfant qui chérit Marie, en ce beau jour où l'Église en fête célèbre l'heureuse Nativité de la Reine des cieux.

Marie est la ravissante aurore annonçant au monde la très proche arrivée du divin Soleil, le Messie tant attendu. Elle est l'astre béni illuminant d'espérance la nuit de l'exil. Elle est l'étoile du soir nous précédant dans la voie de l'abandon à la volonté de Dieu. Elle est le blanc lys dont les puissantes racines étouffent les haines, les petitesses, les rancœurs et dont le suave parfum entraîne mystiquement les âmes à l'odeur de ses resplendissantes vertus. Elle est la maison d'or où Jésus, l'Agneau sans tache, prit un corps mortel. Elle est l'arche d'Alliance qui unit l'homme exilé à son Créateur. Elle est la toute puissante et miséricordieuse Médiatrice qui veille avec un tendre amour sur ses enfants très chers et sur les pauvres pécheurs, car elle l'aime aussi, l'enfant de ses douleurs.

Elle est, enfin, elle est la plus haute élue de la Trinité Sainte, la parfaite Maîtresse, le moyen unique, très simple et tout pacifiant, de grandir en humilité, en amour et de pénétrer toujours plus loin, toujours plus avant dans l'intimité divine. Jésus nous dit : vous êtes à moi quand vous êtes à ma Mère.

> Cette Mère bien-aimée me fut plus qu'une étoile, elle est un phare devant mes pas. Avide de ses vertus, je m'abîme en sa contemplation...
>
> C'est par sa médiation toute maternelle, c'est-à-dire à son école, mais surtout par ses lumineuses inspirations que j'ai pénétré si avant dans les profondeurs des grands mystères de la foi, de l'espérance et de la charité. Que je m'abandonne de plus en plus docilement à l'action divine.
>
> Maintenant, c'est la vie toute en Dieu avec Marie, par Marie, pleine de grâces et de sainteté. (8 septembre 1931)

À noter qu'elle ne s'abandonne plus à Dieu de sa propre initiative mais «elle s'abandonne à l'action divine», celle de Jésus crucifié qui, depuis un an, ne cesse de la vouloir comme lui, victime immolée. Elle en a pleine conscience:

> Lorsque les yeux fixés sur le divin Crucifié d'Amour, lui disant de tout mon être endolori mon fervent merci, je crois voir son tendre regard se poser sur moi pour me bénir. Il me semble entendre cette voix intime qui s'échappe de son cœur plutôt que de ses lèvres, murmurer au-dedans de moi: Ne t'étonne pas, ne te plains pas, ne refuse rien surtout; réjouis-toi du bonheur que je t'accorde en t'appelant à souffrir avec moi, *comme moi* et pour moi un peu de ce que j'ai voulu souffrir autrefois pour ton amour.
>
> Ô Croix qui portez la Lumière et la Vie! Que vous donnez de grandes leçons à l'âme qui vous contemple! Que vous répandez de précieux parfums dans celle qui vous accepte! Que vous inondez de joie et comblez de faveurs célestes celle qui vous embrasse et qui vous aime. N'est-ce pas ceux qui font mal à moi, qui

> contristent le Bon Dieu, qui ont le plus nécessairement besoin que je leur fasse participer aux lumières, à l'amour, aux richesses que je reçois d'en haut, à cette tendre union avec Dieu dont jamais encore peut-être je n'avais senti à un si extrême degré.
>
> Je ne suis point faite pour jouer la comédie de l'amour mais pour aimer, pas plus que je ne suis pas marchande de grâces divines ; non, je n'en suis que la bien pauvre petite messagère, répandant dans le silence et l'amour les divines richesses que mon âme, continuellement ouverte sur l'Infini, reçoit en abondance. Sans mesurer, sans compter, sans craindre douleurs et sacrifice, sans m'arrêter à savoir qui en favorise le divin Donateur, ni comment en dispose Marie, la maternelle dispensatrice de toutes les grâces. Qu'importe les souffrances qui torturent, les épines qui déchirent, quand Jésus recueille chaque goutte de sang dans la coupe immense de son Cœur plein d'amour. (17 octobre 1931)

Marthe vit de plus en plus par la « médiation toute maternelle » de Marie pour ne faire plus qu'un avec Jésus, afin que, lui, « Médiateur suprême », seul et unique, nous présente au Père qui nous comble de "ses surabondantes bénédictions et son intarissable tendresse, avec le Cœur, par le Cœur, dans le Cœur du Fils bien-aimé en lequel il a mis ses divines complaisances" :

> Jésus daigna me révéler comment cette toute aimable Souveraine – que nous aimons invoquer sous le titre qui lui est très cher de : puissante Trésorière de toutes les grâces –, par sa Médiation toute maternelle, nous rapproche, nous ouvre, nous fait entrer dans l'abîme infini de l'adorable Amour, et comment elle

nous fait pénétrer toujours plus avant dans la douce intimité de Dieu.

Ne pouvant nous unir à Jésus que par sa douce Mère, nous ne pouvons non plus arriver et être agréable à Dieu le Père et nous prosterner au pied du Trône de la Souveraine Grandeur qu'accompagnés et unis à notre très aimant Rédempteur et comme transformés, fondus en lui, afin de pouvoir par son divin secours aimer, honorer, adorer dignement la toute-puissante Majesté et avoir part à ses bénédictions et à son intarissable tendresse, avec le Cœur, par le Cœur, dans le Cœur du Fils bien-aimé en lequel il a mis ses divines complaisances. Toute offrande, toute prière à la Trinité adorable présentée en Jésus et par Jésus, Médiateur suprême, est incomparablement ennoblie de ses vertus divines et se trouve ainsi transformée par son Amour en un indéfinissable profit. (4 décembre 1931)

À Noël de cette année 1931, première année de sa longue vie de victime immolée, ponctuée chaque semaine par ses «passions» dans l'unique Passion de Jésus sur le calvaire, en union avec Marie, Marthe se repose, pour ainsi dire, «dans les bras maternels» de sa Mère chérie, pour vivre intimement avec Jésus et le Père. Marthe ne sépare jamais le berceau et la croix de Jésus. Évidemment Joseph est présent devant le berceau. Marthe a pour lui la tendresse filiale de Jésus; n'est-il pas, lui aussi, celui qui a donné au Fils de Dieu le nom de «Jésus, c'est-à-dire Sauveur», participant d'avance du mystère de sa Mort et de sa Résurrection?

Noël! Noël! Quel spectacle divin. Marie et Joseph qui m'invitent à l'adoration prés du cher berceau! Jésus, ses deux petits bras tendus, m'attirant toute à

> lui, se suspendant à moi ! Jésus qui me demande de rester avec lui : l'Amour qui se donne, l'Amour qui s'immole, l'Amour qui s'unit.
>
> C'est un vrai bonheur d'enfant que j'éprouve à me blottir dans les bras maternels de ma Mère chérie, pour vivre en sa douce compagnie dans l'union et l'amour de Jésus sous les divins regards du Père.

## *Marthe dans ses passions hebdomadaires*

Sur les «carnets» de son premier père spirituel, le curé de Châteauneuf, nous trouvons des paroles que Marthe prononçait, le vendredi, durant ses «passions hebdomadaires». Ce qu'elle dit de la Sainte Vierge confirme dans ces moments de pure immolation ce qu'elle dictait dans ses notes personnelles.

D'ordinaire le père notait avec soin tout ce que Marthe exprimait d'une voix, souvent peu audible et il marquait la durée. Voici un cas où Marthe fit écrire toutes les paroles qu'elle avait prononcées, le père n'en ayant compris que quelques-unes.

Elle souffre une dure agonie avec Jésus, dans l'amour :

> Ô mon grand chéri, avec vous je veux goûter, partager, sanctifier par une piété infiniment grande un amour sans mesure, toutes les formes de la douleur, de l'affliction et répéter en mon cœur ma prière de tous les jours : « je suis votre servante, Seigneur, et la servante de Marie Médiatrice. crucifiez, transpercez, déchirez, broyez mon cœur et tout mon être... »
>
> Divin Jésus, daignez profiter de cet instant sublime pour pénétrer, pour agir dans nos âmes et en écarter mystérieusement les obstacles qui s'opposent aux opé-

rations de l'Esprit Saint et remplissez de vos divines ardeurs ces cœurs que vous-même avez créés.

[Commentaire du Père Faure] : « Marthe entre dans sa passion hebdomadaire avec des intentions précises de prières et de souffrances à offrir pour telles ou telles personnes. »

Que chaque minute, comme chaque jour, soit pour mon âme un souvenir d'amour et de reconnaissance, de louange à Dieu et de divines satisfactions.

Ô mon Bien-aimé, faites sentir à tous la joie profonde, la joie immense que vos divines paroles et la douce influence de votre amour produisent en moi, mais par-dessus tout dans l'âme si aimante de mon père spirituel, lorsque vous me révélez les merveilleux effets que mes pauvres souffrances et l'offrande de mon sang uni à votre Sang rédempteur et à votre Passion, ainsi qu'à toutes les douleurs de sa Sainte Mère, opèrent dans l'Église et les âmes.

Ô vous tous qui ne connaissez pas l'Amour, venez à l'Amour ; venez vous abîmer dans le brûlant abîme de la charité ; donnez-vous à l'Amour, venez, ne craignez pas. C'est un temps favorable, un jour de salut. Le Seigneur répand aujourd'hui avec abondance ses dons sur les hommes.

Seigneur, souvenez-vous de votre promesse ; qu'aucune marque extérieure aucun signe ne paraisse en moi. (Marthe fait allusion à ses "stigmates"). Je ne veux que la croix, la folie de la croix, la vertu de la croix.

Que mon sacrifice ne s'accomplisse aujourd'hui devant vous, ô mon Dieu, que d'une manière qui vous soit agréable.

Vierge Sainte, Mère de mon Dieu et, après Lui, mon unique Amour, priez pour moi maintenant, et dans mes innombrables besoins afin qu'aux côtés de Jésus et à vos côtés, ô tendre Mère, je redise avec Lui, comme Lui et avec vous toujours : Fiat voluntas tua ! Mon Dieu, Mon Dieu, pardonnez-leur car ils ne savent pas ce qu'ils font.

Ô Seigneur ! exaucez ma prière... Seigneur pardonnez-nous..., Seigneur, apaisez votre divine colère, ouvrez tout grand vos bras, votre tendresse, oh, ne tardez plus... Seigneur, hâtez-vous de nous secourir. Ô Roi de Gloire, que votre ineffable bonté mette en lumière l'aveuglement de nos cœurs. Je suis à vous, Jésus. Oh ! j'ai soif.

(Le père Faure dit qu'après cela, «elle a parlé passablement à trois reprises, mais, dit-il, je n'ai rien pu écrire. Il a été question des prêtres en particulier»)

(à la fin :) Ô mon Dieu, mon Dieu, pourquoi m'avez-vous abandonnée... (un instant après – 3 à 4 minutes à peine), un grand cri et a expiré.

16h.10 – 18h.05

22.12.33 :
(arrivé trop tard, n'ai pu entendre que ces phrases :)

1. Mon Père, Mon Père, pourquoi m'avez-vous abandonnée.
2. Ô ma Mère, aidez-moi à consommer mon sacrifice.
3. Père je viens à vous.

15h.05 – 17h

Vendredi 23.3.34 :

Père, ayez pitié de tous ces malheureux qui ne connaissent ni vous ni leur Mère, montrez-leur l'horreur du péché, l'erreur de leur vie, l'inutilité de leurs actes en vous montrant à eux dans toute votre miséricorde.

Ô tout aimant et bien-aimé Sauveur, seul capable de mener au port du salut la barque du monde, venez à notre secours. Seigneur, ayez pitié de nous. Ne nous châtiez pas selon nos iniquités.

Préservez-nous des terribles fléaux qui s'apprêtent à engloutir toute la terre. Sauvez-nous, Seigneur, de l'inévitable catastrophe.

Appelez les foules à votre cœur miséricordieux, appelez les enfants, les malades, les humbles, vos préférés. Appelez vos serviteurs, appelez vos prêtres, surtout vos prêtres, ô Jésus, à l'Amour infini.

Appelez les familles et toutes les nations au pied de votre calvaire et au pied des autels.

Oh non, mon Dieu, non pas la mort, mais leur conversion et leur salut.

Ô ma Mère sur votre cœur où pleure Jésus, recevez-nous tous.

Ô mon Dieu, mais pourquoi m'avez-vous abandonnée ?

Mon Dieu je viens à vous. Que je meure pour sauver les pécheurs.

Père, je remets mon âme entre vos mains.

15h.18 – 17h.20

Le Samedi-Saint, 20 avril 1935, on lit dans le «carnet» du P. Faure : «Le Samedi matin par deux fois elle allait s'étouffer quand la Sainte Vierge la prit et la souleva pour la faire vomir près de son divan, côté de la table, et quand je suis venu vers le soir j'en ai bien remarqué les traces.»

31.5.35 :

Ô mon Dieu, vous ne voulez donc plus m'écouter, pourtant ces âmes, vous les avez rachetées de votre propre sang. Vous qui avez tant fait pour une seule âme, refuseriez-vous de sauver celles-ci ? Sauvez-les, Jésus ! sauvez-les ! soyez bon ! soyez miséricordieux ! ô Jésus, ne différez pas davantage. Pourquoi attendre ?

Vous avez répandu sans le mesurer tout votre sang pour les pécheurs et maintenant vous mesureriez la quantité de nos péchés ?... A qui alors devrions-nous recourir ?

Votre sang vous l'avez versé pour eux comme pour moi. Et vous me sauveriez sans les sauver ? cela ne se peut pas, Seigneur. Non, non ! je ne me tairai pas tant que vous ne m'aurez pas exaucé.

Seigneur, sauvez-nous ! Dites-moi que vous le voulez, je m'offre en expiation pour tous, mais particulièrement pour ceux-ci. Non, non ! je ne veux rien vous refuser, mais ne me refusez pas...Donnez-les moi, ils sont vos prêtres, Jésus, pensez-y.

Je n'ai rien à faire avec votre justice, mais avec votre miséricorde.

De grâce, ô mon Dieu, allez à leur rencontre et donnez une douce étreinte à leur cœur et vous verrez qu'ils comprendront..

Ô je sais que vous avez fait beaucoup pour les empêcher de tomber, je sais que depuis vous avez multiplié les assauts pour les gagner, mais vous ne les avez jamais appelés vos enfants. Faites-le, ô mon Dieu, dites-leur que vous les aimez et leur cœur endurci par le mal se fondra aussitôt.

Je sais bien, ô Jésus, qu'ils vous ont beaucoup offensé, mais ne l'ai-je point fait davantage ? Et cependant vous avez usé de tant de miséricorde envers moi ?

Ô je sens bien qu'ils ont profondément affligé votre cœur, mais ne pensez plus à leurs péchés, pensez à votre sang répandu pour les sauver ?

Ô vous qui avez usé de tant de bonté envers moi, usez envers eux de la même délicatesse d'amour dont j'ai été l'objet... Souvenez-vous Jésus que je veux tout pour les sauver. Sauvez-les, ô mon Dieu, sauvez-les !

Je sais bien qu'une pécheresse comme moi ne mérite pas que vous l'écoutiez, mais voici votre Mère qui vous prie en leur faveur. Allez-vous lui dire non à elle aussi ? Vous ne le pouvez pas, je le sais. Seigneur, exaucez-la !

...

Mon Dieu, Mon Dieu, pourquoi m'avez-vous abandonnée ?

Mon Père, je remets mon âme entre vos mains.

14h.17 – 16h.28

Victime immolée, Marthe demeure unie à Jésus et Marie sur le calvaire d'où elle rayonne dans l'Église et sur le monde...

# III

# MISSION

## *« Que Dieu fasse de moi un foyer de lumière et d'amour »*

Durant toute l'année 1930, Marthe ne cesse de comprendre que l'Amour l'emporte totalement sur la Justice sans l'éliminer. Elle fait d'abord l'apprentissage du don de soi, dans le silence, blottie dans les bras de sa « Sainte et Bonne Mère » :

> Notre Seigneur, la très Sainte Vierge ne méritaient pas ce qu'ils ont dû subir ! Qu'est-il cependant résulté de leurs terribles épreuves ! Pour Dieu, sa divine Justice satisfaite, apaisée. Pour lui le Christ Sauveur, la réalisation complète de son plan de Rédemption. Pour la Sainte Vierge, une gloire et une félicité qui surpassent de bien haut celles de tous les élus. Et pour le genre humain voué au supplice de l'enfer, le salut éternel.
>
> Ah ! certes, pour sauver le monde, pour payer au Père la dette de l'homme coupable, un mot, un soupir du Fils aurait suffi, sa valeur étant infinie, mais

l'homme n'aurait pas compris la grandeur de sa faute, il n'aurait pas senti l'horreur de sa révolte contre son Créateur. C'est pourquoi, il faut tout cet amoncellement de souffrances : du Fils et de sa Sainte Mère, pour faire comprendre à l'humanité pervertie la grandeur de l'offense commise par ceux qui ont contribué à la Passion du Christ, au martyre de la Sainte Vierge.

C'est ainsi que de par la Volonté de Dieu, toute âme doit être à son tour réparatrice et rédemptrice. C'est Jésus qui est notre unique Sauveur, mais il ne nous sauve qu'à condition d'unir à sa réparation infinie, notre pauvre petite réparation personnelle, gage de notre profond repentir et de notre immense désir de voir Dieu.

... Penchés vers nous, Jésus et Marie nous appellent, ils nous tendent les bras. Montons avec eux, comme eux, jusqu'à eux, nous irons partager leur Gloire après avoir partagé leur martyre. Aimer ! Souffrir ! c'est mériter, c'est grandir.

Ô Marie, ô ma Sainte et Bonne Mère ! donnez-moi, donnez à tous de comprendre la grande valeur du silence dans lequel on entend Dieu ! Apprenez-moi à me taire pour écouter la Sagesse Éternelle... Ma vie vaudra ce que vaudra mon oraison.

(12 janvier 1930)

Ce silence, ce don total de soi à Dieu par le sacrifice, Marthe le comprend et veut le pratiquer à la suite de Thérèse de l'Enfant Jésus, qui devint « Patronne des Missions », sans sortir de « sa petite cellule » de Monastère :

> Personne, a dit quelqu'un, ne missionne plus qu'un saint, demeurerait-il reclus entre quatre petits murs.
>
> C'est la plénitude même avec laquelle elle s'immole, c'est la générosité de son sacrifice qui permet à une âme, quelquefois même à une très pauvre petite âme, de favoriser au maximum la diffusion de la vie divine dans l'âme de ses frères de la terre. Sa vie fait d'elle la plus utile, sinon la seule utile aux apôtres.
>
> De son saint monastère et surtout de sa petite cellule, l'angélique petite Thérèse de l'Enfant Jésus n'a cessé de répandre, de porter partout et jusqu'aux extrémités de l'univers les grâces de salut que lui valait l'héroïsme de son sacrifice. Et c'est pourquoi l'Église "sa bonne Mère" n'hésite pas à la nommer aujourd'hui "Patronne des Missions" et la "plus grande Sainte des temps modernes". (29 janvier 1930)

Mais, Thérèse a réussi sa vie parce qu'elle nous a enseigné sa «petite voie» en étant une «petite âme abandonnée à l'Amour». Marthe veut la suivre et invite tous les chrétiens, quels qu'ils soient, à faire de même :

> S'il y a tant de chrétiens qui pensent que la sainteté est un état spécialement réservé aux grandes âmes, et simplement à quelques-unes, c'est qu'ils ne la voient pas dans toute sa simplicité et sa belle vérité. Ils ne la voient qu'entourée d'œuvres extraordinaires, impossibles au commun des mortels, souvent aussi ils la confondent avec les grâces gratuitement données, avec les visions ou le don des miracles. Ils n'imaginent les saints qu'en extase ou en croix "ou penchés sur des morts pour les ressusciter". Qu'on puisse vivre avec Dieu dans une union d'amour pur ne leur vient pas à

> l'esprit. Pourtant la vraie sainteté est contenue principalement dans la charité parfaite et cette perfection chacun peut l'atteindre sans grâces extraordinaires, sans faveurs de choix, et même et surtout sans œuvres éclatantes, mais en demeurant avec sainte Thérèse de l'Enfant Jésus, "une petite âme" confiante et tout entière abandonnée à l'Amour, une âme de prière et d'oraison.
>
> L'Église nous montre d'ailleurs en l'aimable petite Thérèse un illustre exemple de grande, de très grande sainteté dans la plus simple des vies. (4 mars 1930)

Dans le cœur de « notre bonne Mère », elle ne connaît que joie et gaieté communicatives, même s'il lui en coûte par sa souffrance continuelle :

> Grâce à Dieu, grâce spécialement à notre bonne Mère, je m'entends de mieux en mieux à dissimuler ce qui a trait, tout ce qui peut rappeler que je suis malade et à taire les maux dont je souffre constamment et desquels je ne parle que très peu.
>
> Je veux que tout autour de moi et en moi rayonne l'harmonie, le saint contentement, la joie et l'immense bonté de cœur.
>
> L'apprentissage de la gaieté dans la maladie n'es pas moins nécessaire que celui de la résignation.
>
> Être toujours gaie, toujours joyeuse même dans l'affliction, c'est si bon ! C'est de là que j'ai compris la valeur d'un sourire accueillant, le bénéfice d'une sérénité habituelle transformant mélancolie et tristesse en saint contentement.
>
> L'amabilité, c'est la charité qui se donne, c'est la patience qui supporte, c'est la force et la paix qui se transmettent d'un seul cœur, au cœur de tous. La joie

c'est la disposition radieuse de l'âme tournée vers son Dieu. (29 mars 1930)

C'est Jésus lui-même qui, par son Sang versé et les douleurs, associé de sa « Sainte Mère », sait communiquer la « joie profonde ». Elle le sait par expérience personnelle, comme elle le dira à son père spirituel.

> Ô mon Bien Aimé, faites sentir a tous la joie profonde, la joie immense que vos divines paroles et la douce influence de votre amour produisent en moi, mais par-dessus tout dans l'âme si aimante de mon père spirituel lorsque vous me révélez les merveilleux effets que mes pauvres souffrances et l'offrande de mon sang uni à votre Sang rédempteur et à votre Sainte Passion ainsi qu'à toutes les douleurs de votre Sainte Mère, opèrent dans l'Église et les âmes. (début 1933) (*carnet du P. Faure*)

Marthe cherche à préciser la forme de sa vocation. Elle prend conscience que Dieu la maintient en vie, contre toute évidence, elle qui, humainement, n'a plus un espoir de guérir. Elle veut profiter de son handicap physique pour devenir comme son « bien-aimé Jésus » avec l'aide de Marie et d'être ainsi utile à l'Église :

> J'ai confiance qu'après ma mort Dieu m'emmènera dans son Ciel. J'espère que je serai admise à m'unir à l'innombrable phalange des élus, aux célestes Chœurs des Anges et des Archanges. Je sens que j'ai tellement besoin de toute l'éternité pour chanter les louanges, les amabilités infinies du Seigneur, pour l'aimer librement à mon aise et jouir des indicibles embrassements de l'amour et des douceurs de son intimité qui ne finira jamais.

Je ne suis que la toute petite lampe en laquelle le divin Soleil de justice, Jésus Roi d'amour verse avec surabondance l'huile sacrée, l'huile précieuse et sanctificatrice... les feux du Ciel.

Le Seigneur comble ma petite misère de ses excessives miséricordes ! Mais plus je suis pénétrée, plus j'ai conscience de ma misère, plus elle me semble profonde infinie, plus aussi je ressens la puissante influence de la Grâce, plus je suis dans l'admiration de ses merveilleux desseins sur moi. Alors plus fervente devient ma prière, plus vibrants les élans de mon cœur, plus enthousiasmés mes transports de reconnaissance, plus douce mon intime adhésion aux divins vouloirs. A quoi servirait *ma belle vocation, ma céleste mission* si je ne m'appliquais pas à devenir comme mon Bien-Aimé Jésus : douce et humble de cœur, à conformer mon âme à la sienne ; afin d'être bien docile et bien abandonnée à tous ses désirs d'amour.

Oh ! Je n'ai pas à me glorifier de mes actions. Je fais la volonté du Seigneur dans l'accomplissement plein d'amour de mes petits devoirs. Loin de moi une telle pensée. Je reçois tout de Dieu et à tout instant. Et cependant Il daigne me traiter comme si je lui étais absolument nécessaire.

Ô Amour, ô incompréhensible Amour ! ô douce Charité ! ô mon Dieu ! Je vous aime ! ô je vous aime ! Mais je ne sais comment vous dire, comment vous prouver mon amour. Ô ma douce Maman dites au Bon Dieu que je l'aime. Seigneur, vous le savez, je suis aussi pauvre de vertus que de mérites. Mettez dans mon cœur vos incomparables trésors, donnez-moi beaucoup pour que je vous donne beaucoup.

Je vis pour servir, aussi longtemps que mon Dieu le voudra et en autant de manières qu'il Lui plaira.

Jésus, mon Dieu ! Permettez que je sois non seulement méprisée, persécutée avec vous, ce serait encore trop d'honneur ; mais incomprise, ignorée à votre place, apparemment inutile et indifférente à tous. Préservez-moi de toute récompense, de toute reconnaissance ici-bas, de la part de mon prochain. Seigneur, je vous offre tout, je vous abandonne tout en faveur de l'Église et le bien spirituel et éternel des âmes.

Que Dieu fasse de moi un *vrai foyer de lumière et d'amour*, une parole pour porter sa joie. (22 janvier 1930)

## *« Offrande de mes souffrances unies à celles du Christ »*

Marthe sait bien qu'elle sera foyer de Lumière et d'Amour si elle remonte à la source qui est le Christ Jésus, le Sauveur :

> Ô vous qui êtes l'Amour, la Lumière et le Salut, soyez en moi l'amour qui demeure, la lumière qui éclaire, le Sauveur qui bénit.
>
> Ô douce, ô belle, ô puissante Marie ! Ô ma Reine, aidez-moi en ce moment si grave, et dans les luttes si dangereuses de la vie, mettez-moi, puisque vous êtes ma Mère, dans les dispositions où me veut Jésus. Venez en moi pour m'aider à aimer.
>
> Sainte Marie, Mère de Dieu, priez pour moi pauvre pécheresse maintenant et à l'heure de ma mort. (5 février 1930)

Elle sait bien aussi que la fécondité de l'apostolat n'existe dans les œuvres extérieures que si elles s'alimentent en Dieu. C'est par le Christ Jésus et sa Mère, ensemble, que l'œuvre de la Rédemption se continue dans le monde :

> Pour renouveler le monde, Jésus et Marie n'ont rien trouvé de meilleur, si je puis m'exprimer ainsi, que de souffrir dans l'oblation de leurs volontés à la volonté du Père. Ils se sont sanctifiés en nous sanctifiant, et les apôtres, comme les chrétiens, ont suivi leurs traces.
>
> Que peuvent d'ailleurs toutes les œuvres extérieures, toutes les activités les mieux comprises, les plus perfectionnées et multipliées, si ce n'est vraiment en Dieu qu'elles s'alimentent. Elles sont des moyens qui ne sont efficaces que dans la mesure où Dieu en est l'animateur. Jésus a fondé l'Église avec douze apôtres ignorants et dépourvus de tous moyens humains pour réussir, mais que sa grâce faisait riches de foi agissante dans l'amour. Les saints en ont fait autant. C'est plus encore la sainteté qui manque que les ouvriers, et le divin Maître nous rappelle ses paroles : « Cherchez d'abord le Royaume de Dieu et sa Justice, et tout le reste vous sera donné par surcroît. » Si vous êtes des saints, voulait-il dire, Dieu sera avec vous en tout ce que vous ferez pour animer et féconder vos efforts.
>
> C'est là l'appel qu'il adresse à ses enfants les plus purs, les plus généreux pour une action intérieure animant l'action extérieure. Et la charité, que le Christ et sa Mère communiquent à l'Église, refleurira abondamment en elle et ce sera comme une nouvelle période de fécondité venue par les membres vivants du Christ qui la renouvellera Ah ! puissions-nous,

> puissé-je pour ma faible part, hâter ce moment trois fois heureux, où toutes les nations créées par Dieu, rachetées par Jésus et Marie, les acclameront sur la terre d'abord, puis au grand jour de l'éternité, pour leur Roi et leur Reine de justice et d'amour, pour la plus grande Gloire de la très Sainte Trinité. La mesure de notre fécondité est proportionnée et s'adapte à la mesure de notre sainteté. Une âme ne donne que du trop plein d'elle-même. (29 mars 1930)

Marthe a déjà trouvé comment agir : «offrande de mes souffrances unies à celles du Christ» et de Marie, par le rayonnement de sa vie toute d'amour :

> Passer humble et silencieuse comme la Vierge, en faisant le bien... en donnant du bonheur.
>
> Je connais maintenant la joie la plus pure, la plus douce que l'on puisse connaître : celle de vivre pour les autres et pour leur bonheur.
>
> Que c'est bon, d'être dure pour soi même, de ne se permettre aucun apitoiement décevant, rien qui affaiblisse et qui nuise au résultat de l'épreuve qui doit être de fortifier, d'élever, de grandir, de rendre meilleur et plus saint ; c'est pourquoi jusque dans les plus petites choses, comme d'avoir soif, d'allumer la nuit, je résiste. Il faut savoir rester seule et forte aussi bien la nuit que le jour. Moi qui aimais tant les nuits claires, les nuits parées d'étoiles... Mais tout cela est déjà si loin.
>
> C'est en pensant et en méditant les souffrances de Jésus-Christ, incomparables aux miennes et volontairement supportées par amour pour nous, et à son amour rayonnant, sublime sur la Croix, que je suis parvenue à m'unir à Lui dans une communion intime et constante.

Ah ! comme j'ai demandé à Jésus avec ferveur après Lui avoir offert mon immense douleur et fait le sacrifice de tout bonheur humain, de me faire accepter ma croix et qu'elle soit pour moi le gage, la condition d'une vie toute d'amour pour Dieu et mon prochain !... Et Dieu m'a exaucée...

Dans mon oraison ce matin, j'ai longuement demandé à Dieu, que tout ce qui pouvait encore me rester de vie peut être employé utilement. D'abord l'humeur peut se refléter sur tous les alentours en bien ou en mal ; puis on peut donner son cœur, son âme, sa sympathie. Une chose reste toujours, elle est à la portée de chacun ; la joie des autres... donner un peu de calme, de courage, d'espoir, provoquer un sourire, tout cela est un doux travail et il n'est pas nécessaire d'être debout ni en santé pour le faire. Au contraire rien ne comprend mieux qu'une grande douleur. Puis reste la prière. La liste des bénédictions, des grâces à demander pour tous ceux qu' on aime est si longue. Il y a tant de pauvres cœurs brisés par les difficultés, les soucis et surtout par les amertumes de la vie, tant de malades comme moi qui passent par les mêmes tourments physiques et moraux, tant de malheureux qui ne connaissent et n'aiment pas le Bon Dieu.

Ma seule grande douleur que je ne pouvais vaincre, était de ne pouvoir rien faire pour toutes les âmes souffrantes, pour tous ceux qui vivent loin de Dieu et vers lesquels mon cœur s'élance chaque jour. Que puis-je faire pour tous, me disais-je ?... Et l'horizon s'est tout à coup éclairé. Un surcroît de bonheur et de paix m'est revenu en pensant que je pouvais beaucoup pour eux, par la prière, par l'offrande de mes souffrances unies à celles du Christ, par le rayonnement de ma vie toute d'amour, par le contentement, la joie. J'ai devant moi de quoi occuper utilement tout le temps qu'il plaira à Dieu de me retenir en cet état... Je sens bien cependant que ma Charité n'est pas encore satisfaite. Sans doute qu'elle ne le sera jamais pleinement sur la terre... ce besoin de me dévouer, de m'oublier pour les autres est en moi si grand.

Il y a deux ans, je souhaitais vivement mourir pour voir Dieu, car j'avais la ferme espérance d'une éternité bienheureuse.

Maintenant que je sens que j'ai une mission à remplir, je lutte pied à pied avec la maladie, offrant d'avance les souffrances que mon énergie et ma résignation prolongent.

Que je suis heureuse de penser que ma vie n'est qu'un grand tissu de privations et que par là, je me trouve plus rapprochée de mon Jésus Chéri. Qu'il m'est doux, Seigneur, de prolonger ces jours privilégiés où je partage avec toutes vos créatures, surtout avec les déshérités, les vicissitudes de l'exil terrestre.

28 mars 1930

Elle revient sur la nécessité, pour sa mission, de manifester toujours de la gaîté ; mais l'apprentissage de la gaîté dans la souffrance n'est pas facile : amabilité, joie, paix, voilà comment elle veut rayonner. Tous ceux qui l'ont approchée témoigneront de ces qualités chez Marthe. A noter que, si Jésus est plus intime en elle que sa Mère, l'aide de celle-ci lui est plus familière, humainement. Que c'est compréhensible !

Les privilèges ne me font pas envie, je crois que vraiment je ne pourrais plus jouir de rien, après avoir connu les joies pures que je connais et après avoir vécu si longtemps la vie du sacrifice.

> Grâce à Jésus, grâce surtout à notre bonne Mère, je m'entends de mieux en mieux à dissimuler tout ce qui peut rappeler que je suis malade et à taire les maux dont je souffre constamment et desquels je ne parle que très peu.
>
> Je veux que tout autour de moi et en moi rayonne l'harmonie, le saint contentement, la joie et l'immense bonté de cœur.
>
> L'apprentissage de la gaîté dans la maladie n'est pas moins nécessaire que celui de la résignation.
>
> Être toujours gaie, toujours joyeuse même dans l'affliction, c'est si bon ! c'est de là que j'ai compris la valeur d'un sourire accueillant, le bénéfice d'une sérénité habituelle transformant mélancolie et tristesse en saint contentement.
>
> L'amabilité, c'est la charité qui se donne, c'est la patience qui supporte, c'est la force et la paix qui se transmettent d'un seul cœur, au cœur de tous... La joie est la disposition radieuse de l'âme tournée vers son Dieu. (29 mars 1930)

Désormais, Marthe ne trouve de joie qu'en la présence de Jésus. Aussi bien ne cesse-t-elle jamais de le chercher... et de le trouver, d'abord dans les bras de sa Mère :

> Nuit d'attente, d'appels à Jésus ! Ne le trouvant pas près de moi, ni dans la prière, je l'ai cherché et l'ai trouvé dans les bras de la très Sainte Vierge, qui me l'a donné après une dizaine de chapelet et un "Souvenez-vous" récité avec amour et piété...
>
> Je le trouve bien d'ailleurs sans cesse et partout... je le vois dormant paisible, innocent et pur tantôt dans les bras de sa Sainte Mère, tantôt sur la barque de Pierre, tantôt dans sa crèche de Bethléem. Je le vois

aussi priant avec Marie et Joseph ; ou travaillant dans l'atelier de Nazareth... Mais le plus souvent et surtout seul et triste à Gethsémani, au calvaire et dans le très Saint Sacrement de son Amour.

Dans les pauvres, dans les malades, dans les petits enfants que j'aime tant. Dans les pauvres pécheurs, dans les malheureux, les prisonniers, dans tous les travailleurs, dans ceux qui m'entourent. (31 mars 1930)

Le démon ne cesse d'agresser Marthe, de la faire douter de sa destinée future, donc de ses mérites, et cela jusque dans sa vie quotidienne, avec ses parents, souffrant, physiquement et moralement, dans son lit proche du lit de sa mère, dont il veut la rendre jalouse pour sa bonne santé. Sans compter qu'elle ne peut plus boire, ni se mouvoir, même dans son lit... Mais Marie et Jésus sont là si compatissants. Cependant le principal pour elle est que « toutes les personnes qui m'approchent me quittent consolées et heureuses » :

Le démon ricane douloureusement à mes oreilles me répétant sans trêve ni repos des propos infâmes ; il me dit que je ne dois pas croire qu'il y aura une place pour moi au Paradis, il me dit aussi qu'il ne faut pas me figurer que Dieu m'aime, il m'attaque aussi par la soif en me faisant éprouver des soifs cruelles et excessives ce qui m'est un tourment très pénible ; et quand on m'apporte à boire je ressens un tel dégoût que je dois faire une grande violence. Outre cela j'ai beaucoup de peine et de difficulté pour faire descendre un peu de liquide, j'éprouve une douleur si vive qui m'arrache des cris malgré moi. Il me tente aussi par l'immobilité à laquelle je suis exclusivement condamnée par mes infirmités, en me donnant des désirs poignants de demander qu'on me soulève, qu'on m'arrache un peu de mon lit pour me soulager, me semble-t-il ; de même en essayant de me faire désirer de pouvoir me changer, me déplacer moi-même pour mettre un terme à mes douleurs ; et quand ma chère maman est obligée de me déplacer, de me soulever un peu, soit pour une chose, soit pour une autre, que je voudrais me dérober à sa vue pour qu'elle ne me touche pas, tant le moindre mouvement me déchire et mon épouvante atteint parfois un si haut degré que je voudrais crier grâce et pitié.

Mais, ô tendre et si compatissante Vierge Marie, vous veillez sur votre petite enfant lui rendant possible par le secours de votre grâce ce qui lui paraît impossible à sa fragilité douloureuse.

Ô bonté et condescendance infinie de mon Dieu à qui je rends incessamment grâces, il n'a pas été en son pouvoir jusqu'à ce jour de m'arracher une plainte, un murmure sur toutes ses lamentables attaques.

Je me jette humblement dans les bras de mon doux Jésus et de ma bonne et divine Mère m'appuyant, me réfugiant toute confiante sur leurs Cœurs tout puissants. Dieu veille de si près sur ses pauvres petites créatures.

Mon Dieu, que votre volonté se fasse et non la mienne, mon tout, ô Dieu d'Amour, eh bien, Fiat et merci.

On reconnaît qu'on aime vraiment Dieu quand on est disposé à tout souffrir, à tout subir pour Lui ! Jésus reconnaît ses vrais amis sur la Croix.

Rien ne grandit tant que la grande douleur.

Je n'aspire qu'à vivre obscure et bonne ; mon adorable Jésus, ô divin modèle de la perfection, Vous qui vivez en moi, vous qui me dirigez, qui m'instruisez, faites que toutes les personnes qui m'approchent me quittent consolées quand elles pleurent, relevées quand elles sont accablées, heureuses pour des jours par le souvenir d'une parole, d'un regard, d'un sourire.

Donner, me donner en aimant.

J'aime tout le monde parce que c'est à Dieu que j'ai demandé de pouvoir, de savoir le faire et mieux je les connais, plus je les aime, je vois dans chaque personne tant de qualités d'âme et de cœur !

Mon bien-aimé Jésus, protégez-moi dans votre immense bonté et soutenez moi selon vos miséricordes. Jésus, je vous aime, augmentez en moi le feu de votre amour.

Ô Vierge Marie, douce Souveraine, dites bien à votre divin Fils Jésus que je languis d'amour.

6 Avril 1930

## *« Ma mission est de le faire aimer en débordant d'amour »*

C'est bien la même mission que Thérèse, « faire aimer l'Amour », mais celle de Marthe dura plus de cinquante ans pour répandre, de son lit de douleurs, amour, lumière et vérité :

> L'amour cisèle les cœurs, l'amour purifie, la douleur pacifie.
>
> Ô mon Jésus ! qu'elle souffre ta petite victime, mais qu'elle t'aime autant que tu lui as donné d'amour. Loin de toi, elle ne pourrait vivre ni souffrir. Ô Jésus ! garde-moi pour jamais, je t'appartiens. Donne-moi la patience, le calme en tout.

Ne regardons ni trop en avant ni trop en arrière...mais toujours en haut.

De mon Dieu, je suis le calice ; ma mission est de le faire aimer en débordant d'amour, il faut donc que je saisisse toutes les occasions pour répandre lumière et vérité. Mon Dieu, donnez-moi d'utiliser vos dons abondants. A vous, Seigneur, l'honneur de les répartir dans les âmes. Bénissez mes désirs, mes efforts, mes communions, mon amour. Je n'ai d'autre vue que vos vues. Celui qui, ici-bas, donne la souffrance, nous en console au ciel. Je vous bénis, mon Dieu, et vous rends grâce de m'avoir accordé le don inappréciable de la résignation surnaturelle, aussi chaque jour vibre plus haut en mon âme le cantique de la reconnaissance. (8 octobre 1930)

Ce qui étonne Marthe c'est l'insistance des gens à venir auprès d'elle. Outre que certaines personnes sont indiscrètes, beaucoup viennent pour lui demander des grâces que le cœur de Jésus donne avec abondance, surtout du tabernacle. Certes, c'est la rançon du « choix » gratuit que Dieu a fait de sa petite victime, qui ne refuse pas ces rencontres ; mais quel « long calvaire à gravir », bien qu'en même temps lui soient révélées « les gloires du Thabor ».

Nous avons dans le cas de Marthe la vérité de la parole de Jésus : « Père, Seigneur du ciel et de la terre, je proclame ta louange : ce que tu as caché aux sages et aux savants, tu l'as révélé aux tout-petits. Oui, Père, tu l'as voulu ainsi dans ta bonté » (Mt 11, 25-26) : « Jésus est le livre vivant du chrétien... c'est lui mon livre unique », dit Marthe :

*Dimanche*

Ce soir, je suis à bout, effondrée sous le poids d'une journée trop pénible. Oh ! quelle journée ! ou plutôt quel après-midi. La matinée avait été si belle, si consolante, prés de l'autel. Le Cœur de Jésus est si riche de grâces et de tendresses

Je suis lasse... je souffre... mon corps est brisé, j'ai la tête en feu, mon cœur est déchiré de sanglots... Je ne puis rien... que souffrir. Pourquoi vient-on si nombreux à moi et que vient-on faire près de moi qui ne suis qu'une pauvre petite malade comme il y en a tant et qui savent mieux souffrir que moi... plus patientes, que moi, plus paisibles et avec moins de grâces que moi qui suis bien trop petite et incapable d'agir sans Dieu. Et pourquoi va-t-on si peu à Celui qui est tout, qui donne tout, qui console et conseille en tout. On ne s'agenouille cependant jamais en présence du St Sacrement sans recevoir lumière et réconfort. Ah ! si on savait ma pauvreté, mon ignorance, on me laisserait bien seule sans s'occuper de moi ! Comme on m'oublierait vite ! C'est à ceux qui sont capables et qualifiés qu'il faut demander et non aux petits qui n'ont pas assez pour eux-mêmes et qui vont puiser près de ceux qui enseignent.

On veut des trésors et on s'éloigne de la richesse, on veut être comblé et on ne va pas à Celui qui donne.

J'ai mal partout, j'ai mal de tout, mais je vous aime, ô mon Dieu !... Avec mes douleurs, mes larmes, faites de l'amour, sauvez-nous tous... Jésus !... je vous aime... Sauvez une âme. Jésus Sauveur, faites-moi sauveur avec vous. Dieu et Seigneur de mon âme, Vous qui ne voulez pas qu'on vienne tant à moi, faites cesser ces choses, que je reste ignorée des autres et de moi, gardez-moi pour Vous Seul dans la simplicité et l'humilité. Vous l'avez dit, ô Jésus, « Je suis la petite fleur de votre Cœur », à votre petite violette gardez lui son parfum... elle n'est pas à elle ni à personne, elle est à Vous... Ô Divin Prisonnier d'Amour, cachez-moi en Vous comme une petite Hostie perdue dans l'abîme de votre Cœur de flammes et de lumière. On me plaint de ne pouvoir pas lire, j'en souffre si peu maintenant. Les livres paraissent si froids quand on a Jésus qui dirige et instruit de la vraie science de l'amour et de la vérité. N'est-ce pas le livre complet, toujours ouvert... et toujours ouvert à tous.

Jésus est le livre vivant du chrétien. Qu'on a à apprendre de Jésus au Calvaire ! de Jésus à la Croix ! de Jésus prisonnier d'amour. C'est Lui mon livre unique, c'est Lui qui m'a appris l'art divin de souffrir, qui pourrais-je chercher hors de Celui qui est la voie, la vérité et la vie. Il enseigne, guide, reprend, corrige.

Pourquoi me plaint-on ? Ce n'est pas la compassion, c'est la plainte. Si l'on savait que l'amour peut tout changer, même les plus grandes amertumes... Non, on ne peut comprendre ni connaître l'immense amour de Jésus pour le cœur qu'Il retient en ses mains.

Quand on est choisi de Dieu on a souvent un sombre et long calvaire à gravir, mais c'est à ceux-là que sont révélées les gloires du Thabor. Souvent le sacrifice plonge l'âme dans la lumière d'en Haut d'où elle voit clairement la vanité, l'étroitesse des choses d'ici-bas, la grandeur des biens éternels et l'unique beauté de l'amour divin.

Mon Dieu ! En Vous je me confie, soutenez ma faiblesse, élevez mon amour toujours.

19 Octobre 1930

Marthe comprend que tout croyant porte en lui une lumière qu'il reçoit de Dieu, mais qui « révèle, à son rayonnement, tout un monde que nous portons en nous. » Laissons pénétrer le « rayon divin », qui est la force de notre foi, bien plus en notre cœur qu'en notre seule intelligence. Marthe fait l'expérience qu'elle est ainsi « foyer de lumière » dans sa vie de malade :

> C'est merveilleux la foi : croire quand on ne voit pas, parce qu'on sait que « Dieu a dit » ; savoir sans voir fait jaillir toute une lumière dans l'âme qui nous révèle, à son rayonnement, tout un monde que nous portons en nous et que nous ne soupçonnions même pas. L'exemple de la foi fait naître la croyance.
>
> Qui dira ce que peut et fait la foi dans les cœurs, dans les âmes, dans la peine, dans la joie, dans la maladie et surtout à la mort. Préférons toujours la foi du cœur à la foi intellectuelle. La foi intellectuelle élève l'esprit, la foi du cœur pénètre l'âme ; La foi du cœur peut devenir une foi très intelligente. On perfectionne plus sa foi par les pieux sentiments du cœur que par les recherches intellectuelles.
>
> Grand Dieu, ayez pitié de la faiblesse de notre foi. Quand le rayon divin s'est posé sur une âme, si elle veut, si elle est docile et confiante, il n'en sortira plus. Dieu qui nous a sauvés, une fois, par le sacrifice de sa vie, nous sanctifie suivant notre correspondance à ses grâces.
>
> La maladie est pleine de lumière et de vérité ; la vérité est lumière et la Lumière est Dieu.
>
> Je me sens toute noyée, toute perdue dans la lumière. Mon Dieu, plongez-moi de plus en plus dans la vertu d'humilité. Vouloir par amour ce que Dieu

> veut est tout le secret de la sainteté : voir tout venir de Dieu, aller tout à lui, c'est la foi, l'espérance et la paix. La paix est l'état journalier de mon âme, dans un continuel acte d'amour. Que je sois plus ou moins souffrante, cela importe peu, le seul important est de ne pas dévier l'ordre de la volonté de Dieu et de m'y conformer pleinement, profondément, toujours affectueusement.
>
> Plus je m'enfonce dans l'amour, plus je vis près de Dieu, plus j'ai confiance et plus aussi je vois que l'Amour infini nous réserve des surprises miséricordieuses. (25 janvier 1931)

C'est une grande œuvre d'amour que Dieu veut faire par Marthe : elle en a conscience et, surtout, elle comprend que tout partira de son cœur, si toutes ses souffrances supportées par amour débordent dans le seul Cœur de Jésus. Tout par et dans l'Amour « en union à Marie, Médiatrice compatissante » :

> Le cœur est l'expression vivante et palpitante, le foyer de tous nos sentiments...
>
> Nouvelles croix morales et combien déchirantes. Ne pas les laisser transparaître pour pas qu'on s'en aperçoive, pour n'attrister personne...
>
> Ne laisser le flot douloureux déborder que dans le Cœur du bon Maître, qui le connaît, en sait l'invisible martyre. Tout pour l'Amour de Dieu ! Tout par Amour et dans l'Amour en union à Marie, Médiatrice compatissante...
>
> La souffrance est tout un monde de mystère et de miracles, tout un abîme de merveilles. Elle est expiatrice, sanctifiante et réparatrice ; plus que tout, elle est

médiatrice et rédemptrice, si nous savons bien l'accepter, l'aimer, l'offrir à Dieu pour nous tous...

Être clouée sur la croix n'est pas assez, il est mieux encore d'être crucifiée avec Jésus dans le secret de son cœur, dans l'intime de son âme. Souffrances de l'âme, souffrances du cœur, souffrances du corps, rien ne manque chaque jour, le trésor est au complet. Quelles célestes richesses !...

Que je sois votre épouse toute marquée des douleurs et de la pureté de Marie. Qu'y a-t-il que nous ne ferions pas si nous savions nous donner à Jésus, à son Amour crucifiant, si nous voulions nous pénétrer de lui, ne faire qu'un avec lui.

Quelle vocation nous est réservée ! Quelle noble mission divine, non seulement en vue de nous préparer une éternité bienheureuse, mais surtout pour que le Dieu qui nous a tant aimés soit glorifié par nous et par beaucoup, beaucoup d'autres âmes que nous lui aurons aidé à sauver.

C'est si bon, si bon immensément de se donner à Dieu et de tout lui donner aux intentions de l'Église, du Souverain Pontife et en faveur des âmes, d'être son hostie de louange et d'amour quand on est sa victime.

*Fiat* quand Dieu nous choisit, *fiat* s'il nous martyrise, *fiat* au sommet du Thabor, *fiat* sur le chemin du calvaire, *fiat* dans les bras de la croix, *fiat* et merci toujours.

Ô Dieu vivant dans mon cœur, vous savez combien je vous aime.

(27 septembre 1931)

## *La mission vient du ciel*

« La mission vient du ciel », c'est vrai pour tous, à commencer par la Vierge Marie qui, à l'Annonciation, n'a pas eu à faire un choix, mais à obéir à la volonté de Dieu, selon ce que lui disait l'ange Gabriel. C'est pourquoi, Marthe voit dans sa vie de souffrances comme un envoi en mission, de la part de Dieu. Or l'école de la souffrance forme le cœur qui devient « un foyer caché », mais un foyer appelé à rayonner. Le sentiment de la présence de Jésus nourrit sa confiance dans ses pénibles souffrances qui « sont les messagères des secrets de Dieu ». Et puis Marie est puissante, elle, la Mère de la divine Grâce et de la paix :

> Mon Seigneur et mon Dieu ! Quelleque douloureuse soit l'épreuve envoyée, la consolation refusée, j'ai confiance et je vous aime. Tout pour votre Amour, ô mon Dieu !
>
> La petite victime immolée par la main de l'Amour, baise avec ivresse le bois de son sacrifice. Elle ne peut baiser la terre pour les pécheurs... mais elle baise la Croix de son Bien-Aimé Jésus.
>
> Vous Seigneur en qui mon âme trouve tout son bonheur et sa joie, donnez-moi d'être toujours plus agréable à votre Cœur. Le flot désolant continue sa course mais les joies saintes et les grâces sont abondantes aussi.
>
> Faisons toujours passer la miséricorde avant le sacrifice... la bonté avant la pénitence.
>
> Nos plus précieux instruments de pénitence sont mis autour de nous, près de nous, en nous par les soins de la Providence. Enfant de l'Amour infini de Dieu, nous ne devrions jamais nous imposer un rôle, mais nous le laisser humblement imposer par Lui.

L'Archange Gabriel envoyé à Marie ne lui dit point : voulez-vous faire ceci ou ainsi ; mais par la vertu du Très Haut vous concevrez un Fils, vous serez la Mère du Fils de Dieu. *La mission vient du ciel.* La Vierge accepte quelle qu'en sera la suite. En Père infiniment Bon, Dieu a préparé de toute éternité une mission pour chaque âme ; à nous de nous laisser prendre, de nous donner quand il nous appelle, et nous de nous imposer.

L'épreuve est un présent du Ciel qui nous révèle ce que nous sommes et nous apprend comment devenir parfait.

Tout progrès moral naît de la pensée et toute vertu siège dans notre cœur au sommet de notre conscience ; c'est pourquoi nous ne savons encore rien quand nous n'avons pas souffert.

C'est à cette école de la souffrance, qui rapproche de Dieu, qui facilite l'intimité avec le Christ Jésus et qui emmène si loin "dans les profondeurs de la Sagesse et de la Science de Dieu", qui faisait dire à Ste Thérèse de l'Enfant Jésus : « Je suis bien jeune et cependant il me semble avoir l'expérience d'un vieillard. »

Ô laissez toujours ignorer mes souffrances, qu'elles restent un foyer caché semant des grâces et des joies célestes.

Il suffit souvent d'une seule âme de Foi pour la faire rayonner partout, d'une seule âme de Lumière pour dissiper bien des ténèbres, d'une seule âme de Charité pour la voir déborder de toutes parts.

Heureuse l'âme que la souffrance et l'amour unissent à Jésus Crucifié ! Car plus elle laisse le Christ-Hostie imprimer en elle sa douloureuse et silencieuse ressemblance, plus elle s'unit à son Amour expiateur, réparateur et rédempteur dont Il a tant soif, plus elle a de Joie plein le cœur le long du chemin.

Ô mon tendre Ami ! Laissez-moi vous aimer... laissez-moi vous consoler... laissez-moi vous donner.

Il faut mériter les consolations du Bon Dieu, dit-on, sans Lui demander de nous consoler.

Vous Seul, ô mon Maître, m'êtes une assez grande consolation pour que je n'en désire aucune autre.

Mon âme, malgré ses ténèbres, est dans une paix étonnante et dans le sentiment très précis de la présence de Dieu. Je sais que toutes nos afflictions atteignent son Cœur, mais il est très juste que nous ne comprenions pas toujours.

Que servirait la vie si Dieu ne nous laissait pas la foi et que vaudrait-elle sans la croix ?

Nos souffrances sont les messagères des secrets de Dieu qui réserve a chaque âme des jours de bonheur, mais il veut un peu nous les laisser gagner pour être à même de pouvoir dire lorsqu'ils seront venus : par mon abandon, tout fait de confiance, d'humilité et d'amour, je me suis aidée à les gagner, à en jouir.

Ô Mère de la divine Grâce ! Puissante Vierge Marie ! Je ne veux point avoir peur, non, pour rien. Si la tempête mugit menaçante, si la vague écumante m'aveugle et m'arrête, si la douleur souffle en rafale, si l'horizon se couvre de noirs nuages, j'ai confiance, oui, quand même et toujours.

N'êtes-vous pas, ô bonne Mère, l'étoile d'or qui brille dans les plus inquiétants orages, Reine de paix, qui apaisez tout de votre voix harmonieuse ?

Cœur immaculé de Marie, gardez-moi bien humble et bien pure ! (29 septembre 1931)

Marthe comprend de mieux en mieux sa mission dans le sillage de celle de Thérèse qui « veut passer son ciel à faire du bien sur la terre ». Mais Marthe comprend aussi que sa propre mission sera longue sur la terre. Elle accepte donc un long exil pour, de la source unique qu'est la divinité de Jésus, capter ne serait-ce qu'un simple rayon qui « fera aimer le foyer dont je viens », dit-elle. Toujours cette volonté de se laisser façonner en forme de foyer de lumière qui rayonne et d'amour « qui fasse aimer le Brasier dont je suis » :

> Ce matin je trouvais long mon terrestre exil. Pourquoi ? Ce n'est pas cependant que je désire et demande la fin de mes grandes souffrances...
>
> Si cela fait plaisir au Bon Dieu, je consens volontiers à voir ma vie de souffrances physiques et intimes se prolonger longtemps encore ! C'est en lui que je puise la force qui me fait l'aimer toujours plus, et c'est en lui que j'espère...
>
> Il ne faut pas être trop pressée de mourir pour m'en aller au ciel s'il y a plus d'amour pour mon Dieu et plus de charité pour les âmes à demeurer sur la terre. L'heure heureuse sonnera, un jour, peut-être bientôt ! Mais je veux bien être encore une hostie souffrante et comme Jésus en Croix laisser couler goutte à goutte le sang de mon cœur.
>
> Quand vous le voudrez Seigneur, vous m'appellerez et je serai heureuse. Vous êtes mort sur la Croix pour moi, je veux y vivre jusqu'à mon dernier soupir pour vous.
>
> Au ciel, dit-on [elle se rappelle Thérèse], nous ferons plus de bien qu'ici-bas, c'est très probable. Au ciel nous moissonnerons. Nos souffrances, nos mérites, nos sacrifices cachés auront alors atteint leur plein épanouissement, nous ferons aimer l'Amour,

mais ce ne sera toujours que dans la mesure où nous aurons aimé dans la douleur.

Tant que le Bon Dieu ne m'appelle pas, c'est qu'il veut de moi encore quelques choses. C'est vrai que sur la terre nous lui donnons et qu'au ciel nous ne ferons plus que répandre. Une seule âme qui prie, qui souffre, qui aime, qui s'abandonne avec Jésus et comme Jésus pour satisfaire à l'Amour Créateur et Rédempteur, par l'expiation, le renoncement, l'immolation, console mille fois plus le Cœur du bon Maître que ne peuvent le déchirer mille malheureux qui le méprisent.

Que faut-il pour consoler et réjouir le Seigneur ? Des âmes aimantes et fidèles à la Grâce, des âmes généreuses, des âmes sacerdotales. Ah ! si nous savions tout ce que son Cœur aimant peut recueillir d'amour dans un soupir de douleur, une souffrance cachée, une privation qui coûte, un sacrifice joyeusement consenti, un sourire qui cache des larmes...

Si, par impossible, la divine Justice me demandait à prolonger ma vie de souffrance du corps et de l'âme jusqu'à la fin des temps, même pour une seule âme je n'hésiterais pas à dire joyeusement oui...

« Pour moi le Christ est ma vie » (Ph. 1, 29), mes yeux et mon corps, tout mon être est plein de Lui, et un besoin me brûle, me dévore : le montrer.

Hélas ! Ce n'est pas vous tout entier Seigneur que je montrerai ; ce n'est qu'un simple rayon de votre Divinité ; une simple goutte de l'océan de votre vie, une simple étincelle de la fournaise de votre Amour. Mais j'espère que ce rayon fera aimer le foyer dont je viens, que cette goutte fera aimer l'Océan dont je sors, que cette étincelle fera aimer le Brasier dont je suis. J'ai confiance que l'abandon de ma vie dans les mains de l'Amour et la volonté adorable de Dieu sera un jour pour tous un "*Sursum corda*".

Je confie toutes choses à ma Mère bien-aimée et je m'abandonne entièrement dans ses bras, afin qu'elle m'aide à sanctifier et à offrir à Dieu chaque minute qu'il me donne dans tout ce qu'elle contient.

Et vous, mon père au saint autel (P. Faure), chaque matin offrez, je vous prie, la toute petite hostie que je suis à la grande et divine Hostie pour les âmes, afin qu'avec Jésus, mais par Jésus et en dépendance très étroite avec Jésus, Dieu puisse tirer de sa petite hostie toute la louange et la gloire qu'il en attend et pour les âmes toutes les grâces dont elles ont besoin. Placez-la toujours comme une lampe autour du calice et mêlez au Sang Rédempteur et Sanctificateur toutes les intentions et aussi les misères de votre humble enfant. Vous savez qu'à ce moment plus qu'à nul autre nos âmes sont très intimement unies et que je me redonne tout entière, par vos mains ou par les mains de la Très Sainte Vierge, pour que vous fassiez et que bien d'autres avec vous fassent beaucoup, beaucoup de bien.

Oui, mon père, j'offre beaucoup de mes souffrances à vos intentions ! Au delà de l'Autel je vous reste unie avec tout mon cœur dans les Cœurs aimants de Jésus et Marie.

7 octobre 1931

## *Offrande de l'amour rédempteur pour toute l'Église*

Marthe sait bien que « les fruits d'une communion sont inépuisables en vertu des mérites infinis de Jésus-Christ, l'Amour rédempteur, et dont je puis, assure-t-elle, disposer à loisir. » Aussi bien, n'hésite-t-elle pas à universaliser son champ d'apostolat jusqu'à l'Église tout entière : militante, souffrante et triomphante. N'est-ce pas prescience du rayonnement universel de l'œuvre des Foyers de Charité ? Raison de plus pour enrichir d'amour et d'humilité la pauvre petite enfant qui en Marie et par Marie est unie à Jésus-Victime, Jésus-Hostie :

> Sainte communion : Ô Puissance infinie ! Ô Sagesse ! Ô Clémence ! Voici mon Dieu qui vient à moi en cette belle matinée d'automne...
>
> Je suis si pauvre, ô grand Dieu, que je n'ai rien moi-même à vous offrir qui soit digne de vous être offert, en retour de ce grand don de votre Amour. Mais je possède en moi un trésor infini, et ce trésor unique et divin, ô Père miséricordieux et bon, je vous l'offre tout entier pour mes besoins personnels et intentionnels, pour toutes les âmes qui sont plus intimement unies à la mienne et pour toutes les âmes de l'univers. Et comme les fruits d'une communion sont inépuisables en vertu des mérites infinis de Jésus-Christ, l'Amour rédempteur, et dont je puis disposer à loisir, je vous l'offre en faveur de l'Église militante, pour tous les besoins de l'Église souffrante et pour la gloire de l'Église triomphante.
>
> Ô Père accordez-moi, je vous en supplie, toutes les grâces que vous savez m'être nécessaires pour trouver chaque jour le degré d'amour et d'humilité où vous me voulez et où vous voulez ceux que j'aime. Je vous

abandonne mes intentions les plus chères et les dépose au pied de votre Trône de Gloire, vous demandant pour nous tous avant toutes choses l'amour de mes devoirs et l'abandon filial à votre adorable volonté. Daignez accueillir, je vous prie, mes faibles actions de grâce avec mes demandes unies à celles de mon bien-aimé Jésus et de ma Mère chérie.

Ô Père souverainement aimable, ne regardez plus maintenant votre pauvre petite enfant qu'en Marie, la Mère de la divine Grâce, par laquelle vous la voyez sans cesse unie à Jésus-Victime, Jésus-Hostie. Ah ! je voudrais tellement montrer à tous le Christ plein d'Amour et de Miséricorde pour les attirer à Dieu. Je voudrais voir tous les peuples abjurer l'erreur et venir s'agenouiller aux pieds de Jésus-Eucharistie, l'aimer comme je l'aime...

Oh ! Que dans ces magnifiques heures toutes du ciel, j'ai imploré, conjuré le Seigneur de bénir, de multiplier, de transformer l'apostolat paroissial de mon père spirituel. Et tournant vers la Reine des Apôtres et des confesseurs, je l'ai profondément suppliée de mettre en son cœur tout ce qui est pur et saint, noble et divin, la priant d'être le phare de sa vie sacerdotale, son admirable inspiratrice et sa maternelle protectrice dans les jours heureux et douloureux de son sublime ministère.

Que je l'ai implorée, cette mère compatissante, de garder mon cœur toujours humble et aimant comme aujourd'hui, pur et odorant comme un lys qu'elle puisse sans cesse offrir à Dieu.

13 octobre 1931

Marthe vit une douloureuse contradiction : elle voudrait rester muette ! tout entière en elle-même pour vivre en totale solitude dans ses souffrances pleines d'amour, alors que spontanément elle se sent appelée à se mettre à la disposition des autres, leur parler avec douceur, avec joie. D'où cela vient ? De la petite Thérèse ? De la Sainte Vierge ? Elle comprend qu'elle doit surtout modeler sa vie sur celle de Jésus :

> Le Christ-Hostie est le modèle dont je dois reproduire tous les traits, revivre toutes les immolations. Il ne faut jamais être exclusif dans nos douleurs. A côté de nos souffrances, mettons toujours les souffrances des autres ; à côté de nos pleurs, mettons toujours les larmes des autres, à côté de nos afflictions sachons mettre les peines des autres. Chaque âme a dans sa vie des pages qu'elle ignore et qui sont écrites par les mérites, les prières, les pénitences, les souffrances d'autres âmes.
>
> Oh ! que je suis donc intérieurement brisée et torturée par l'amour ! Dans tout cela, combien peu de tranquillité accordée ? D'où vient que comme malgré moi mon visage sourit à mon entourage quand il voudrait pleurer, ma langue parle quand elle voudrait rester muette, mon esprit s'intéresse aux besoins, aux peines des autres quand il voudrait se renfermer ? D'où vient donc que j'ai tant soif de solitude, et je dirais de calme extérieur et qu'une voix intérieure parle aussitôt plus haut que mon désir de retraite et l'anéantit immédiatement ? D'où vient que je suis si spontanément à la disposition de tous ? Est-ce la petite sainte Thérèse qui sème de roses "la petite voie" de simplicité, de confiance et d'amour pour m'entraîner plus sûrement parmi les ronces, les souffrances, les agonies de la "Grande..." Est-ce la Sainte Vierge qui me dirige de plus en plus amoureusement

vers les ascensions courageuses ? Ou bien vous, Seigneur, qui me faites agir ainsi, sourire, parler avec douceur, me mêler à la vie ordinaire patiemment, alors même que la fatigue atteint les limites extrêmes.

Ressembler à Jésus, modeler ma vie sur la sienne : imiter Marie très fidèle Vierge sacerdotale, aimer dans leur amour, demeurer en union avec elle. C'est tout mon idéal !

Dieu nous pénètre de son influence pour nous modeler à son image, pour nous faire entrer plus avant dans la considération de ses attributs divins. Il ne se fait des victimes que pour les pénétrer de ses tendresses.

Ô Mère chérie, apprenez-moi à souffrir avec toujours plus d'amour. Ô Père, Seigneur du ciel et de la terre, remplissez la coupe de mon âme de la fraîche rosée de vos grâces et de vos plus paternelles bénédictions.

(23 novembre 1931)

## *« Lumière dans les ténèbres, silence dans l'amour »*

Avec l'année 1932 qui commence, la dernière durant laquelle Marthe se livre si souvent dans ses notes personnelles, sa mission se précise. Tout d'abord, elle est consumée par ce brûlant désir : Que les chrétiens trouvent dans le Saint Évangile une doctrine féconde pour leur vie de tous les jours. Pour cela, elle voudrait être missionnaire comme un prédicateur. Impossible à l'extérieur ! Alors, elle va l'être de son lit de douleurs.

On croirait déjà entendre le P. Finet nous expliquer la raison d'être des « Foyers de Charité », lui, le prêtre, prêchant les retraites, pendant que Marthe les porte dans ses souffrances, clouée sur son lit en victime d'amour. Chaque « Foyer de charité » est vraiment une « Maison de famille », une cellule d'Église :

Jésus s'est fait prodigue de présents... à moi d'être prodigue d'offrandes. Chaque minute qui passe a coûté une opprobre, une souffrance à son Cœur, chacune est teinte de son Sang rédempteur, et des minutes si précieuses à sa tendresse ne doivent se vivre que tissées de fils d'amour, qu'embaumées de sacrifices, qu'émaillées de roses empourprées du sang de mon cœur.

Rien, pas même un soupir ne doit échapper à mon holocauste quotidien, moi qui suis victime d'amour.

Je me sens consumée du même grand désir : que le Saint Évangile soit lu, étudié, vécu... prêché, infusé à tous. Qu'il soit le guide précieux, lumineux dans la vie de tous.

On ne peut vivre en vrai enfant de Dieu si on ne s'applique pas à pénétrer, à approfondir la beauté, la vérité haute et simple des Mystères. Non pour l'unique intention de savoir, mais pour connaître, pour comprendre, pour s'instruire, afin de soutenir sa foi quand il le faut… et diviniser sa vie.

Toute la religion chrétienne est dans l'union de l'âme à Dieu par Jésus Christ, rien de plus, tout est là. « Nul ne vient à mon Père que par moi » c'est-à-dire sans connaître sa doctrine, sans s'unir à lui, sans vivre de sa vie. L'Église est une unique “Maison de famille” dans laquelle on donne à tous ceux qui les désirent, les enseignements, les secours, les lumières, les sacrements nécessaires à entretenir dans l'âme la vie spirituelle, (la Vie du divin Modèle, Jésus), que nous sommes obligés de reproduire en nous. Imitation sans laquelle on ne peut être prédestiné.

Il n'y a pas d'imitation possible sans amour, et on ne s'unit bien que dans la ressemblance…

Si j'étais prêtre, je crois que j'enseignerais toujours la même doctrine, que j'attirerais toujours vers le même idéal : l'Amour de Dieu, les heureuses conséquences de l'Amour…

Que ne le suis-je prêtre ou missionnaire ! J'irais la croix sur la poitrine à travers le monde, donner mon âme, mon cœur, mon sang, ma vie pour la confirmation de la Foi, pour le triomphe du Christ-Roi ! Pour qu'il règne !

Hélas ! je ne puis penser être prêtre ou missionnaire ! Mais si la maladie me retient, s'il m'est interdit d'enseigner la parole de Vérité, je puis du moins travailler au règne de Jésus, Roi d'Amour, par la voie de la souffrance et de la prière, par l'abandon de ma vie de malade. Je puis être lumière dans les ténèbres, amour dans le silence, et satisfaire ainsi mes ardents désirs de donner beaucoup, beaucoup d'âmes à Jésus avec l'intime conviction de les lui donner par mon offrande perpétuelle à sa justice.

Tout pour Jésus et Jésus seul !

Quand finira mon martyre ? A vivre ou mourir, je m'abandonne, bien que ce soit la mort que j'envie et non la vie. En cueillant mon âme, Jésus comblerait tous mes vœux ; mais je ne dois rien demander, rien faire pour hâter mon impatience, pour avancer l'heure heureuse de 1a douce rencontre de mon âme délivrée de son enveloppe, (cette fois) avec son Dieu...

« Je vous rends grâce, Père très Saint, de ce que vous avez caché ces choses aux prudents et aux superbes et de ce que vous les avez révélées aux tout-petits. Oui, Père, je vous bénis, parce qu'il vous a plu ainsi. » Émouvante parole, capable de transformer une

> vie, de faire du monde une grande antichambre du ciel, si le monde était capable de l'entendre.
>
> (12 janvier 1932)

Marthe est bien consciente que l'Esprit Saint lui inspire des paroles qui la dépassent, tellement elle les sent merveilleuses, sublimes en même tant que nécessaires pour que le « Feu » apporté par Jésus embrase l'univers. On comprend pourquoi elle veut garder le secret absolu sur ce qu'elle dit ! Tel, le Secret du Roi : un temps pour être gardé et un autre pour en révéler les merveilles, à la gloire de Dieu. (cf. Tobie, 12, 7).

> Que faire, ô mon Jésus si cher ! Que faire pour qu'on vous cherche, pour qu'on vous aime et pour que le Feu que vous êtes venu apporter sur la terre, selon votre divin désir, embrase l'univers. Quelle souffrance de ne pouvoir se faire entendre, se faire croire, quand cependant on mourrait avec tant de joie pour affirmer.
>
> Ô doux Seigneur ! Si c'est mal d'exalter vos merveilles, de chanter votre Amour, vous qui êtes le Maître, éteignez ma voix, enlevez-moi tout moyen. Mais n'est-ce pas vous, ô Jésus, qui venez mettre votre amour en moi, afin que je vous aime d'un amour semblable au vôtre. D'ailleurs je ne relate toutes ces choses que pour mon père spirituel et je sais qu'il saura garder mon cher et grand secret.
>
> Que mon cœur chante sans fin le pur Cantique de l'Amour et que je vous suive, ô mon Bien-Aimé, pas à pas et par amour, unie à Marie, ma bien douce Mère, jusque dans les hauteurs de votre Gloire. Que toutes les puissances de mon âme s'épuisent à vous louer et à vous bénir, et qu'elles se consument de bonheur et d'amour. (16 février 1932)

Oui, c'est vraiment selon le modèle de Jésus-Hostie, dans le silence et l'immobilité, que Marthe, victime immolée, se sait capable d'accomplir sa mission de rayonner Amour et Charité. Elle y réussira par «Marie, ma Mère chérie»:

> La mission des très pauvres petites âmes que je suis est la plus douce, la plus rayonnante et souvent la plus bienfaisante. Imitant le silence, l'immobilité, l'obscurité, volonté de Jésus-Hostie, leur ineffable modèle, elles se sacrifient', elles s'immolent comme lui par Amour et par Charité, afin d'obtenir beaucoup des âmes, de toutes les âmes en faveur de Dieu.
>
> Je veux demeurer en Jésus par Marie, ma Mère chérie, la petite hostie de louange de l'Auguste Trinité.
>
> (11 mars 1932)

## *Sa mission se continuera dans le ciel*

De nouveau, Marthe entrevoit que sa mission continuera dans le ciel, et toujours par Marie. Elle sera comme celle de Thérèse: «faire aimer l'Amour», spécialement en s'activant à «semer des vocations surnaturelles». En attendant, prière, souffrance, immolation, lutte et exil de la terre; c'est le Vendredi-Saint:

> Si je dois quitter ce monde par la mort la plus terrifiante, la plus crucifiante, elle peut venir, je serai préparée à suivre son captivant appel et quand le ciel s'ouvrira pour m'accueillir, j'oserai alors penser que c'est bien mon tour de tomber pour toujours dans les bras de mon Père. Il me semble qu'au ciel je serai tout près de ceux que j'aurai aimés, de tous ceux qui m'ont fait du bien, surtout celui de m'avoir guidée

vers le Bon Dieu. A mon tour, par Marie, je les guiderai à Jésus, l'éternel Amour, je leur apprendrai, je les exciterai à aimer toujours, et toujours davantage ; je les aiderai à se perdre totalement en lui, à devenir "un" avec lui. Combien alors je leur prouverai, à tous, ma reconnaissance. En attendant, c'est la prière, la souffrance, l'immolation, la lutte, l'exil de la terre...

Je continuerai ma belle mission "de faire aimer l'Amour", de semer des vocations surnaturelles. Il me semble que mon désir ira toujours grandissant depuis ma mort jusqu'à la fin des temps, mon brûlant désir de faire descendre sur tous, les trésors inépuisables de ma Mère Immaculée, et d'ouvrir par elle à toutes les âmes les celliers divins. De là-haut j'ai l'intuition que je les entendrai mieux, que je ferai mieux encore... La Sainte Vierge ne me quitte plus maintenant. (25 mars 1932, Vendredi-Saint)

Dieu est Amour, « c'est là dans ce Foyer de vie » que Marthe veut demeurer pour laisser l'action divine la pénétrer, toujours sous la protection de Marie :

Tout perdre, je le veux bien si je peux et dois aimer plus encore, pour monter, m'enfoncer sans fin dans l'Océan d'Amour jusqu'au sommet de l'union divine.

Je compte sur la protection de la Sainte Vierge, pour me garder infiniment petite, mais infiniment aimante, chaque jour plus petite et plus aimante, le petit rien vivant de silence, d'humilité, de renoncement, de simplicité... surtout d'amour. De plus en plus je me laisse faire.

Dieu est Amour et c'est dans son Amour que je m'anéantis en tout. C'est en lui que je retrouve toute mon ardeur, tous mes sentiments de tendresse et d'amour, toute ma force pour souffrir. C'est là dans ce Foyer de vie, que j'ai discerné de quelle richesse est la double grâce des vertus de patience et d'amour que Dieu demande pour arriver au sommet de la perfection; et comment par notre faute nous retardons notre attention dans le divin et paralysons sa sublime action dans notre âme.

Oh! ce désir fou qui m'use et me dévore! Pourquoi j'en meurs et en renais sans cesse. Mon âme en est toute brisée, mais elle a conscience dans l'amour et l'obéissance qu'elle s'offre dans ce feu à une œuvre sacrée que Dieu seul voit et connaît...

Ô Mère, source d'amour, donnez-moi de garder bien vivant dans mon âme le souvenir des douleurs et de la mort de Jésus, de participer dans tout mon être, durant toute ma vie, à ses mortelles tristesses, à sa cruelle passion, à toutes ses tortures d'amour; plongée dans l'océan de vos indicibles douleurs plus rudes à supporter que la mort. (14 avril 1932)

Elle meurt avec Jésus, mais elle renaît avec lui, chaque semaine depuis déjà dix-huit mois. Que veut-il? Il lui a fait entrevoir que c'est pour une mission précise: être un foyer qui rayonne par la prière et les souffrances supportées par amour pour que les âmes soient mieux instruites des mystères divins. «J'ai, dit-elle, le pressentiment très sûr, très clair que je vais savoir des choses plus fortes, plus belles, plus hautes encore! Que la Grâce de Dieu soit avec moi» (16 avril). Elle sent en elle un feu qui l'embrase; tout vient du «Foyer» divin qui veut répandre «les grâces de Lumière et d'Amour». Elle veut tout donner, mourir à elle-même pour être mieux disposée à se livrer au Bon Plaisir divin. Alors elle sera « une lumière, une aide et un secours, surtout un exemple pour toutes les âmes qui, par ignorance ou par faiblesse, s'égarent et fuient » le Seigneur. Mais tout cela « en union à Marie » :

> Alors qu'en mon âme siège un vivant incendie et que je reçois sans cesse les embrasements du Foyer ; alors qu'en tout mon être bouillonne un fleuve de vie dont la poussée d'un courant toujours plus rapide y creuse des abîmes effrayants et enthousiasmants, souffrirai-je de rester une flamme sans chaleur, un brasier éteint, une eau dormante, une fleur sans beauté et sans parfum, une lumière trop faible pour éclairer.
>
> Non, non, une petite victime d'amour est faite pour rayonner, pour donner Dieu, dans toute la mesure où elle possède, pour répandre dans les âmes, dans toutes les âmes les grâces de Lumière et d'Amour qui se déversent en elle à l'infini.
>
> Tout donner, se donner, c'est être profondément riche, car on est vraiment riche que de tout ce que l'on donne. Mourir à soi, mourir à tout, c'est se donner pour tous, c'est se donner à tous. Il faut perdre son âme pour la sauver...
>
> Tout par amour et dans l'Amour en union à Marie, ma Mère bien-aimée ! Seigneur, vous êtes tout ce que je veux, tout ce que j'aime, vers vous soupire mon âme.
>
> (23 avril 1932)

Durant les dix jours du cénacle, les Apôtres priaient, « avec Marie, la Mère de Jésus », en attendant la venue de l'Esprit Saint. Marthe vit avec intensité cette « retraite » :

> Ascension..
>
> Notre joie est grande que, maintenant, doux Seigneur Jésus, vous jouissez de la Gloire infinie, assis

à la Droite du Père ! Notre joie est grande parce que la malice humaine ne peut rien contre vous : cette gloire intime est inaltérable ! C'est pour toujours que Marie, votre Sainte Mère, saint Joseph, le gardien et le protecteur de votre enfance, les anges et les bienheureux chanteront l'éternel “Hosanna”.

Oui, soyez heureux, divin Jésus, votre Corps mystique continue votre Passion : c'est assez pour nous de vous savoir heureux, infiniment heureux, à l'abri de la perversité de tant de vos créatures...

Ô mon Bien-Aimé, vous avez souffert pour moi et sans moi alors que n'existant pas encore je n'étais pas capable de souffrir. Aujourd'hui, c'est à votre tour de n'en être point capable. Votre Gloire si abondamment méritée vous soustrait à la souffrance. Souffrez donc en moi désormais, mon Jésus, puisque je suis votre victime, et que durant tout le temps de ma formation surnaturelle, je demeure passible comme vous, ô mon chef divin, l'avez été jusqu'à la mort.

Puis, Marthe demande à Jésus l'envoi de son divin Esprit :

Envoyez-nous votre divin Esprit, pour qu'au contact de votre parole nos intelligences s'illuminent, pour que nos cœurs s'enflamment et tout notre être se consume comme une torche vivante dans la prière et l'immolation perpétuelle, afin de racheter par notre propre sanctification les errements de l'humanité pécheresse et de maintenir dans son sein un foyer d'amour toujours embrasé.

Quelques jours avant la Pentecôte, Marthe prend conscience que l'Esprit Saint, le « Maître intérieur », dirige et anime toute sa vie et sa mission. Sous sa dépendance, elle se tient unie à Marie, sa Mère :

> Tout le programme de ma vie consiste à me tenir unie à Marie, ma Mère, sous la dépendance du Maître intérieur qui me dirige, à me laisser envahir, dévorer, consumer par Dieu, à me prêter à toutes ses volontés, à tous ses désirs. C'est si facile et si doux, c'est si simple aussi de ne plus aimer que ce que le Bon Dieu aime, de ne vouloir que ce qu'il Veut, de laisser sa main promener le fer et le feu dans mes chairs vivantes, tourner et retourner le glaive dans mon cœur, crucifier mon âme, épuiser ma vie, de n'avoir plus qu'une passion, qu'un rêve, qu'un désir : la Gloire de Dieu. Et je vois que plus je laisse le Christ imprimer en moi sa divine ressemblance, plus j'ai de la joie plein le cœur le long du chemin qui peut-être ne sera plus très long pour moi.
>
> (5 mai. Ascension et 11 mai 1932)

## *La Trinité, éternel Foyer de Lumière et d'Amour.*

Marthe remonte jusqu'à la Trinité pour y trouver, à la source, le «Foyer de la Lumière et de l'Amour». Humble et silencieuse sur la terre, comme la Vierge, crucifiée avec le Christ, cloîtrée dans la Trinité, Marthe, vierge épouse de Jésus, peut ainsi attendre la rassasiante vision de Dieu. Merci à Jésus pour sa divine Eucharistie, merci encore à Marie pour son *fiat* indispensable :

> Ô Bienheureuse et Béatifiante Trinité ! vous êtes l'éternel Foyer de la Lumière et de l'Amour dont l'ardeur ne s'éteint jamais. Vous êtes le Feu consumant dont la flamme s'étend de partout. Vous êtes la Lumière au-dessus de toute lumière, le Bien suprême

et infini, la Beauté qui surpasse toute beauté. Vous êtes la paix et le repos des âmes ! Vous êtes l'Amour !

Communier à la Trinité, quel honneur, quel bonheur, quelle ivresse, quel idéal de pureté, quel programme de vie, quel doux et ravissant mystère !

Passer sur la terre humble et silencieuse comme la Vierge, crucifiée avec le Christ, cloîtrée dans la Trinité en méprisant le plaisir qui passe, n'avoir dans son âme et dans son cœur qu'un seul désir, qu'une pensée, qu'une ambition : celle de fixer sa vie au-dessus de tout ce qui passe, plus haut que ce qui meurt dans l'éternel Amour.

Se garder toujours pure et toujours immaculée dans l'amour, comme une vierge épouse du Christ, pour mériter la rassasiante vision de Dieu, Trinité adorable, Beauté immaculée, Abîme de pureté.

Près de l'Immensité symbolisant l'Éternité, qu'il fait bon déposer sa dépouille mortelle pour s'immerger dans la Divinité comme dans un océan sans rivage. Cet abandon qui fait de la Volonté divine et de la nôtre une seule et même volonté dans l'amour, est le plus complet des actes de foi. Il met l'âme dans l'état de perfection, il la plonge dans un abîme de paix et de délices où elle participe à l'immuable, à la parfaite tranquillité de Dieu, toujours calme et toujours agissant...

Ô mon Dieu, ô ma bien-aimée Trinité, qu'heureuse est l'âme qui, sans jamais sortir de vous, peut vaquer à la féconde action de la souffrance...

L'on ne peut se lasser d'admirer, ô Trinité Sainte, l'éclatante manifestation de votre infinie Grandeur, de votre Sagesse et de votre Amour ! Nos pauvres intelligences humaines, livrées à elles-mêmes, n'auraient jamais pu rêver une telle Rédemption, nos cœurs n'auraient jamais osé croire à un tel Amour !

Dans l'étonnement et le ravissement de votre Lumière, je ne me lasse pas d'admirer votre Oeuvre ineffable, ô mes Trois Bien-Aimés ! Et pour crier mon "merci", je m'unis à tous les anges et à tous les saints, mais surtout à ma chère et si tendre Mère, qui voient et qui comprennent ce que nous ne savons que balbutier.

A vous, ô Jésus, tout mon "merci", toute ma reconnaissance et mon amour, pour votre divine Eucharistie, centre de toute l'économie surnaturelle, vers lequel tout converge et d'où se répand en surabondance la Vie, une Vie sans cesse renouvelée !

Merci encore à vous, Vierge Marie, dont le "Fiat" indispensable nous a valu ces sublimes réalités !

(21 juillet 1932)

## *« La sanctification des âmes pour la plus grande gloire de Dieu »*

Au terme de ses notes personnelles, ponctuant si souvent ses journées, depuis Noël 1929 jusqu'à ce 2 novembre 1932, Marthe sait parfaitement qu'en se laissant immoler, consumer et dévorer par l'Amour, elle peut révéler le secret de son bonheur – de sa mission : « la sanctification des âmes... pour la plus grande gloire de Dieu » à la suite de Thérèse de Lisieux.

J'ai trouvé la véritable joie, la seule qu'il soit permis d'envier : celle de vivre pour les autres et pour leur bonheur surnaturel et divin. Je me sens des désirs immenses de rayonner la Vérité et de répandre l'Amour, de semer en d'autres âmes les trésors spirituels qui abondent en moi tous les jours.

Oui, le zèle de la Maison de Dieu me dévore, le désir de me sacrifier pour tous m'opprime sans cesse et c'est ce qui me pousse au-devant de toutes les souffrances, de toutes les peines et des tribulations...

Mes prières, mes actes, mes raisons, mes souffrances n'ont qu'un but : révéler à tous le secret du bonheur que je possède si pleinement et donner Dieu, le donner à tous et le donner toujours. Donc me laisser immoler, me laisser consumer et dévorer par l'Amour, pour la sanctification de tous, pour attirer les âmes et toutes les âmes à Dieu, pour les emporter sur les plus hauts sommets de la Montagne qui est le Christ, dans l'immuable tranquillité de l'éternel silence de la Sainte Trinité : là où l'on aime, où l'on vit de la grande et belle Vie du Dieu Tout Amour, où l'on s'entretient avec lui en des colloques des plus intimes et des plus délicieux.

À quelle hauteur, sur quel sommet, dans quelle inimaginable Lumière le Seigneur porterait nos âmes si nous savions répondre à ses appels d'Amour et profiter de toutes les grâces qu'il nous offre. Que ma belle vie d'amour, que ma lente agonie produise des fruits, de beaux fruits éternels.

Que mon si grand bonheur, que ma belle union de l'amour serve magnifiquement à tous, qu'elle soit donnée à tous pour la plus grande Gloire de Dieu.

(2 novembre 1932)

Ce n'est pas un hasard que se terminent ainsi ses notes personnelles continuelles, Marthe vient, la veille, de vivre la Joie céleste de tous les Saints et en ce jour elle communie à toutes les peines des âmes du Purgatoire. Elle partage avec elles tout l'Amour de Dieu qui les pénètre pour les purifier, dans le cœur immaculé de Marie, avant leur entrée dans le Bonheur éternel «pour la plus grande Gloire de Dieu», Père, Fils et Saint Esprit.

Marthe a accueilli près de cent mille personnes, pour la plupart durant leur retraite au Foyer de Châteauneuf. Nous comprenons mieux maintenant dans quelles dispositions elle savait répondre aux besoins de chacune. Elle se sentait comme au cénacle «en prière avec Marie, la Mère de Jésus» pour supplier Jésus de faire descendre l'Esprit Saint sur tous les retraitants et chacun d'eux.

À un membre du Foyer, venu la voir avant de commencer sa retraite, elle disait:

«Je prierai pour vous, beaucoup, pour tous les retraitants. J'appellerai le Saint Esprit afin qu'Il vienne en tous, en tous. Il faut demander au Saint Esprit de conserver en votre cœur ce trésor – les grâces de la retraite. Il faut beaucoup prier le Saint Esprit: c'est Lui qui fera la retraite en vous. Tant que c'est soi-même qui prie, ce n'est pas encore de la prière; mais quand c'est le Saint Esprit qui prie en vous, voilà la vraie prière.» (1965)

Dans son encyclique «L'Esprit Saint dans la vie de l'Église et du monde» (*Dominum et vivificantem*) mai 1986, le pape Jean-Paul II écrit, reprenant ce que dit S. Paul dans sa « lettre aux Romains»: «nous ne savons pas que demander pour prier comme il faut, mais l'Esprit, lui-même, intercède pour nous en des gémissements inexprimables» 8, 26, il commente:

> Ainsi, non seulement l'Esprit Saint nous amène à prier, mais il nous guide «de l'intérieur» dans la prière, com-

> pensant notre insuffisance, remédiant à notre incapacité de prier ; il est présent dans notre prière et il lui donne une dimension divine... La prière, grâce à l'Esprit Saint, devient l'expression toujours plus mûre de l'homme nouveau qui, par elle, participe à la vie divine.
>
> Notre époque difficile a particulièrement besoin de la prière... Il y a depuis quelques années un nombre croissant de personnes qui, dans des mouvements ou des groupes toujours plus développés, mettent la prière au premier plan et y cherchent le renouveau de la vie spirituelle. C'est là un fait significatif et réconfortant, puisque cette expérience apporte une contribution réelle à la reprise de la prière parmi les fidèles, aidés à mieux considérer l'Esprit Saint comme celui qui suscite dans les cœurs une profonde aspiration à la sainteté. (n. 65)

Dès les années 30-40, Marthe annonçait une « nouvelle Pentecôte d'amour » que proclama officiellement Jean XXIII, à l'ouverture du concile (1962). Les « Foyers de charité » existaient depuis longtemps déjà (1936), comme un des mouvements du renouveau de la vie spirituelle dont parle Jean-Paul II, qui affirme ensuite :

> Spirituellement, l'événement de la Pentecôte n'appartient pas seulement au passé ; l'Église est toujours au cénacle, qui reste présent dans son cœur. L'Église persévère dans la prière, comme les Apôtres, avec Marie, Mère du Christ… (n. 66)

C'est dans le trésor de la « chambrette » de la Plaine – nouveau *cénacle* – où Marthe a vécu plus d'un demi-siècle et a rempli sa mission, dans la prière avec Marie, sous la divine conduite de l'Esprit Saint, que les Foyers de Charité viennent puiser toutes les provisions spirituelles nécessaires à leur marche en avant dans l'Église qui ne cesse de dire avec l'Esprit : « Viens, Seigneur Jésus, Viens » (Apoc. 22, 20).

# ÉPILOGUE

## *Marthe et les Foyers de Charité, c'est tout un*

LE 30 septembre 1980, quelques mois avant son retour « dans la Maison du Père », Marthe déclarait à un membre du Foyer de Châteauneuf :

> « S'il n'y avait pas Marie, il n'y aurait pas l'Église. On peut dire : Marie et l'Église, c'est tout un. »

Le Concile Vatican II avait dit, en 1964 :

> La Vierge Marie est un membre suréminent et absolument unique de l'Église, modèle et exemplaire admirables pour celle-ci dans la foi et dans la charité, objet de la part de l'Église catholique, instruite par l'Esprit-Saint, d'un sentiment filial de piété, comme il convient pour une mère très aimante...
>
> Par sa vie, la Vierge a été le modèle de cet amour maternel dont doivent être animés tous ceux qui, associés à la mission apostolique de l'Église, travaillent à la régénération des hommes (Constitution dogmatique sur l'Église : *Lumen Gentium,* 53 et 65).

Marie fut donnée à Jean, par Jésus mourant sur la Croix, comme Mère pour toute l'Église. Peut-on dire que Marthe fut donnée aux Foyers de Charité, comme leur mère ? Marthe, dit le P. Finet, a toujours affirmé que seule Marie était la Mère. C'est vrai, dans l'Église, dans chaque cellule de l'Église – et le Foyer de Charité en est une –, il n'y a qu'une seule Mère, Marie, la Mère de Dieu.

Cependant, peut-on refuser à Marthe ce titre de mère, elle qui est le modèle des Foyers sur le modèle de Marie et qui, comme Marie engendrant toute l'Église par sa compassion sur le Calvaire, a engendré les Foyers sur son lit de souffrances, en victime immolée ?

Dès les prévenances de Jésus, au cœur même de sa vie si contrastée de 1926 à 1929, Marthe exprima ainsi sa toute première rencontre intime avec Lui :

> Avec quel Amour, Jésus entoure ma vie souffrante ! Comme une Maman qui apprendrait à faire les premiers pas à son tout petit enfant, ainsi il m'apprend lui-même la manière de me livrer à Lui, je ne sais comment ? C'est comme s'il me tenait amoureusement sur son Cœur et même dans son Cœur, tout enveloppée dans son Amour, toute silencieuse et cachée en Lui. Tout mon cœur brûle des divines ardeurs et des embrasements du sien... Je me sens vivre et mourir dans sa Puissante étreinte. C'est si doux et si douloureux à la fois que j'en suis tout éperdue et comme anéantie par moments. Je ne souffre plus et cependant je souffre d'une nouvelle souffrance qui, me semble-t-il, ne doit plus finir.
>
> Il me semble que Jésus me fait sentir, à cette heure, tout l'Amour et toutes les souffrances d'une vie entièrement livrée à son Bon Plaisir Divin et qu'Il

> imprime très fortement en moi l'Amour des intimes Douleurs de sa très Sainte Mère et de sa Passion Rédemptrice et que je ne les comprends même plus.
>
> Jésus, que votre Esprit d'Amour garde et dirige en Maître infiniment puissant le pauvre petit domaine de ma vie spirituelle et temporelle ramenée sans cesse à l'intérieur sous la dépendance toute maternelle de la très Sainte Vierge et sous sa Souveraine et Divine Action et qu'Il abonde en moi, toujours, Lui qui me conduit et me fait vivre et agir en Vous. (2 mai 1927)

C'est dans le vécu intime de sa vie et non par une réflexion intellectuelle que Marthe prend conscience que tout ce qui vient de Dieu est communiqué aux créatures par Jésus, y compris l'Amour divin qui fit de sa propre Mère, Marie, la Mère de Dieu dès son Incarnation et notre Mère, quand « il remit l'esprit », (Jean 19, 1930).

Jésus est pour Marthe « comme une Maman » qui « imprime très fortement en moi, dit-elle, l'Amour des intimes Douleurs de sa très Sainte Mère et sa Passion Rédemptrice. » Nous percevons mieux nous-mêmes, par cette expérience de Marthe, pourquoi, en nous donnant sa Mère, Jésus se donne en Personne, par son Esprit, Esprit qui dans le Père est Source de tout l'Amour paternel et maternel de Dieu. Marthe dira que « non seulement Dieu est Père, mais est Mère tout à la fois ». (5 mai 1930) (infra p.85)

Sur la Croix, Jésus a consacré Marie, sa propre Mère, comme la Femme, Nouvelle Ève, Mère universelle : « "Femme, voici ton fils", puis il dit au disciple : "voilà ta mère". Et dès cette heure-là le disciple la prit dans son intimité » (Jn 19, 26-27).

Et ce Don de l'Amour maternel, qui a sa source dans le Père, Jésus l'a communiqué à Marthe dès qu'il l'appelle à sa mission. On comprend ainsi pourquoi Marthe ne sépare jamais Jésus et Marie dans leur Amour pour elle, «la petite servante de la Servante du Seigneur». Elle aimera lier leurs cœurs, comme sur la Médaille Miraculeuse. Dans les réponses aux nombreuses lettres qu'elle recevra jusqu'à sa mort, Marthe conclut habituellement par cette référence aux «deux Cœurs unis de Jésus et Marie».

Telle Marie qui fut «pétrie pour ainsi dire par l'Esprit Saint en forme de nouvelle créature, comme la toute Sainte et Immaculée Mère» pour l'Église universelle (*Lumen Gentium,*. 56), Marthe, «associée à la mission apostolique de l'Église» (*Lumen Gentium* 65), sera modelée par le même Esprit, en cette forme de mère pour tous les membres des Foyers de Charité.

Jésus n'avait-il pas affirmé: «Quiconque fait la volonté de Dieu, celui-là est mon frère, et ma sœur, et ma mère» (Mc 3 35).

En paraphrasant ce qu'elle proclame de Marie, on est en droit de dire: «S'il n'y avait pas Marthe, il n'y aurait pas les Foyers de Charité; Les Foyers et Marthe, c'est tout un.»

On comprend aussi l'importance que Marthe attacha à la réception du tableau représentant «Marie Médiatrice», que lui apporta le P. Finet, le 10 février 1936. Inspirée par l'Esprit, elle voulait que l'œuvre des Foyers, préfigurée par l'école paroissiale ouverte à Châteauneuf en septembre 1934, se voue totalement à Jésus dans l'Église, par la médiation maternelle de Marie, selon la spiritualité de Saint Louis-Marie Grignion de Montfort, que, précisément, le P. Finet enseignait à Lyon.

Le pape Jean-Paul II n'hésite pas à dire:

> La spiritualité mariale, non moins que la dévotion correspondante, trouve une source très riche dans l'expé-

> rience historique des personnes et des diverses communautés chrétiennes qui vivent parmi les peuples et les nations sur l'ensemble de la terre. J'aime à ce propos évoquer, parmi de nombreux témoins et maîtres de cette spiritualité, la figure de Saint Louis-Marie Grignion de Montfort qui proposait aux chrétiens la consécration au Christ par les mains de Marie comme moyen efficace de vivre fidèlement les promesses du baptême. Je constate avec plaisir que notre époque actuelle n'est pas dépourvue de nouvelles manifestations de cette spiritualité et de cette dévotion. (*La Mère du Rédempteur,* n. 48)

Mais comment entendre ce titre : « Marie Médiatrice » ? On n'insistera Jamais assez sur cette question qui, surtout depuis le concile Vatican II, est posée par ceux qui, à bon droit, exigent, au sein de l'Église, une spiritualité mariale authentique. Et d'abord, comment naquit la suspicion sur l'expression : « À Jésus par Marie », si chère à Saint Louis-Marie Grignion de Montfort ?

Il convient de faire appel à l'histoire. En 1842, l'on trouvait comme par hasard le manuscrit de ce qui fut intitulé : *Traité de la vraie dévotion à la Sainte Vierge* du Père de Montfort.

Ce titre fut donné parce que les premiers feuillets de ce manuscrit manquaient, mais on put authentifier son écriture. Il est vrai que lui-même avait prophétisé que ce texte serait découvert longtemps après sa mort († 1716). Il n'avait pas jugé bon de le publier en son temps à cause des Jansénistes. Mais ce sont les victimes du Jansénisme – les Catholiques du XIXe siècle –, qui vont en bénéficier. En effet, durant les XVIIIe et XIXe, et même jusqu'au concile Vatican II, bien des Catholiques voyaient dans le Christ la Justice divine se vengeant de l'humanité pécheresse. Il était représenté sur un crucifix, ses bras très élevés vers le Ciel comme suppliant Dieu

Tout-Puissant d'arracher les chrétiens à la damnation, si c'était possible ! Bref, le Christ faisait peur, on le craignait jusqu'à désespérer de son salut.

L'apparition de la Vierge à Catherine Labouré, rue du Bac à Paris (1830), donna à ces Catholiques, victimes du Jansénisme, une espérance et une consolation par la diffusion très rapide de la «Médaille Miraculeuse»: «*Ô Marie conçue sans péché, priez pour nous qui avons recours à vous*». Le *Traité de la vraie dévotion à la Sainte Vierge*, dès 1842, apporta la lumière sur Marie, Médiatrice de toutes grâces, et vite on se tourna vers elle pour qu'elle soit toute miséricorde auprès du Juge inexorable, ce Christ inaccessible.

On avait enfin trouvé «la médiatrice auprès de l'Unique Médiateur». Mais la peur de la Justice divine subsistait encore, malgré l'immense diffusion de l'*Histoire d'une âme* de la petite Thérèse de l'Enfant-Jésus, dès la fin du XIXe.

L'Église, dans les années 30 de notre siècle, reprit l'expression: «A Jésus par Marie», en voulant lui donner, par la fête de «Marie Médiatrice» (31 mai), son vrai sens. Jésus est l'Unique Médiateur entre Dieu et les hommes, de plein droit, puisqu'il est vrai homme et vrai Dieu. Marie, la Mère de Dieu, a été la plus parfaite bénéficiaire de la Médiation de son Fils au point d'être la Médiatrice privilégiée de tous les hommes auprès de Lui.

L'équivoque demeurant, Pie XII supprima la fête de «Marie Médiatrice» et la remplaça par celle de «Marie Reine». Or précisément pour Marthe c'est comme «Reine d'amour» que la Mère de Dieu «participa à la Médiation du Christ»:

> La maternité divine a donné à la Ste Vierge, dans ses rapports avec nous, la tendresse bienfaisante d'une Mère, l'autorité incomparable d'une Reine. Marie, Mère de Dieu, Marie Reine d'amour participe à la

> Médiation du Christ et à toutes les grâces que le Christ nous a acquises, elle a mérité d'en devenir la distributrice. C'est elle qui distribue tous les dons, toutes les vertus, toutes les grâces à qui elle veut, quand elle veut, de la manière et dans la mesure qu'elle veut (3 février 1930) (cf. infra p. 77)

Depuis la réforme liturgique, la fête de «Marie Reine» a été transférée, à juste titre, dans l'octave de l'Assomption (22 août), car la Royauté d'amour de la Mère de Dieu s'exerce pleinement dans le ciel où elle vit à jamais, corps et âme, auprès de son Fils, comme le souligne Marthe ici même:

> La maternité divine a revêtu la Sainte Vierge d'une grandeur qui ne peut avoir d'égal ni sur la terre, ni dans le ciel. Elle la place au-dessus de tout ce qui n'est pas Dieu. Elle lui donne, par participation, la puissance que Dieu a par nature, et on peut dire d'elle qu'il ne se passe rien au ciel et sur la terre sans qu'elle n'intervienne. (*ibid.*)

Cependant, si l'expression «A Jésus par Marie» prêtait à confusion, Saint Louis-Marie Grignion de Montfort n'en était pas responsable, car il liait la consécration mariale aux engagements fondamentaux du chrétien dans le baptême, comme le souligne le pape Jean-Paul II. C'est bien dans l'Eglise, fondée sur les apôtres, que Marie est notre Mère et qu'elle a commencé d'y exercer, dès ici-bas, sa médiation maternelle.

Nous l'avons vu, Marthe a toujours considéré en ce sens la consécration des chrétiens à Marie. Sans jamais faire écran entre Jésus et nous, Marie est, pour elle, le premier don que lui offre Jésus lorsqu'il la veut toute à lui, en épouse consacrée. On peut dire sans erreur qu'elle allait « à Jésus par Marie », parce que Marie ne cessait de lui être donnée par Jésus. Se laisser conduire par Marie était donc pour Marthe l'itinéraire spirituel le plus assuré pour répondre aux appels de Jésus et de son Esprit.

En définitive, c'est dans l'ensemble de sa vie de victime immolée qu'il convient de comprendre le choix divin de Marthe pour l'Église de la nouvelle Pentecôte, annoncée par elle et se précisant chaque jour davantage, malgré les obstacles à l'évangélisation en nos temps difficiles.

Marthe, durant le temps du Concile, redoubla son offrande à Dieu pour l'Église sur son lit de souffrances. Elle en suivit avec ferveur tout le déroulement.

Un membre du Foyer rapporte que le 17 novembre 1964, elle lui avait dit : « Nous prions et espérons tous que le Saint-Père parlera avec force, non seulement de la présence de la Sainte Vierge, mais de sa Maternité dans l'Église et de sa Médiation universelle, dans et par l'unique et souverain Médiateur Jésus. »

Or, précisément, le lendemain, 18 novembre, à la surprise générale, après le vote, par les Pères du concile, de la *Constitution dogmatique sur l'Église*, Paul VI déclara qu'il proclamerait Marie « Mère de l'Église », lors de la clôture de la 3e session, le samedi suivant, 21 novembre. Se référant au texte conciliaire, il le fit en ces termes : « Nous proclamons Marie très Sainte, Mère de l'Église, c'est-à-dire de tout le peuple de Dieu, aussi bien des fidèles que des pasteurs, qui l'appellent 'Mère très aimante'. (cf. *Lumen Gentium*, 53). » (discours de clôture)

Paul VI ne parla pas, ce jour-là, de la médiation de Marie. Mais en signant cette « constitution dogmatique », il approuvait ce qu'avaient dit les Pères du concile :

La bienheureuse Vierge est invoquée dans l'Église sous les titres d'avocate, d'auxiliatrice, de secourable, de médiatrice, tout cela cependant entendu de telle sorte que nulle dérogation, nulle addition n'en résulte quant à la dignité et à l'«efficacité de l'unique Médiateur, le Christ (n. 62).

Le pape Jean-Paul II, dans son encyclique (*La Mère du Rédempteur*), *sur la bienheureuse Vierge Marie dans la vie de l'Église en marche*, précisera le lien entre la maternité de Marie dans l'Église et sa médiation personnelle et spécifique - «médiation maternelle»-, bien entendu subordonnée à l'unique Médiateur, le Christ Jésus:

Après le départ de son Fils, la maternité de Marie demeure dans l'Église, comme médiation maternelle; en intercédant pour tous ses fils, la Mère coopère à l'action salvifique de son Fils Rédempteur du monde. C'est avec ce caractère d'»intercession» manifesté pour la première fois à Cana en Galilée, que la médiation de Marie se poursuit dans l'histoire de l'Église et du monde. (*Redemptoris Mater,* n. 40)

Marie est donc présente dans le mystère de l'Église comme «modèle». Mais le mystère consiste aussi à engendrer les hommes à une vie nouvelle et immortelle: c'est là sa maternité dans l'Esprit Saint. L'Église puise abondamment dans cette coopération, c'est-à-dire dans la «médiation maternelle» qui est caractéristique de Marie en ce sens que déjà sur terre elle coopérait à la naissance et à l'«éducation des fils et des filles de l'Église», comme Mère de ce Fils «dont Dieu a fait le Premier-Né parmi beaucoup de frères» (*Lumen Gentium,*. n. 63) (*Redemptoris Mater,* n. 44)

Chaque enfant est engendré d'une manière unique, et cela vaut aussi bien pour la mère que pour l'enfant... Sous cet éclairage, on peut mieux comprendre le fait que, dans son testament sur le Golgotha, le Christ a exprimé au singulier la nouvelle maternité de sa Mère, en se référant à un seul homme: «voici ton fils»... La maternité de Marie,

> qui devient un héritage de l'homme, est un don, un don que le Christ lui-même fait personnellement à chaque homme... Au pied de la Croix commence cette particulière offrande de soi de la part de l'homme à la Mère du Christ qui fut ensuite pratiquée et exprimée de diverses manières dans l'histoire de l'Église... L'offrande de soi est la réponse à l'amour d'une personne, et en particulier à l'amour de la mère. (*Redemptoris Mater,* n. 45)

La prière que fit Marthe, le 18 novembre 1964, est donc aujourd'hui pleinement exaucée.

Durant toute sa vie ici-bas, son approche des mystères divins demeura constamment, dans sa foi, comme elle l'avait perçue au commencement de sa vie de victime d'amour, en 1930 :

> Qu'y a-t-il de plus vrai, de plus magnifiquement beau que le dogme ? Que j'aimerais étudier pour pénétrer dans la profondeur des mystères ! Parfois j'envie ceux qui ont le bonheur de faire de la théologie ! Mais l'oraison, la divine contemplation ne dépasse-t-elle pas de bien haut en connaissance, en amour, en puissance, les plus fortes études. L'expérience est plus profonde, plus lumineuse, plus féconde, que la science.
>
> Pour moi, toute ma théologie, toute ma science, c'est l'amour, l'union de mon âme à Dieu, par Jésus-Christ avec la Sainte Vierge, rien de plus et rien de moins. Là est mon sommet et mon Tout, je ne désire pas savoir davantage. Je vis en Dieu portant sa vie, sentant en moi sa force et son amour, goûtant sa joie, dans une si douce et si intime union que toutes mes souffrances, toutes mes peines en sont changées en joies. Une âme peut être ignorante en beaucoup de

choses et être capable de savoir aimer Dieu splendidement.

(2 janvier 1930)

Pendant plus de cinquante ans, nuit et jour, Marthe demeura en état de veille. Par cette forme de charisme, Dieu la voulait activement donnée à sa mission d'Amour dans l'Église, à la suite de sa grande sœur tant aimée, Thérèse de l'Enfant Jésus.

Jamais au contact de tant de milliers de personnes, qui vinrent solliciter ses prières, Marthe ne voulut se montrer une exceptionnelle privilégiée. Bien au contraire, son humilité, sa bienveillance, sa discrétion, son cœur toujours accueillant, sa sagesse dans ses conseils furent les qualités dont pouvaient témoigner tous ceux qui recherchaient, dans les retraites du Foyer de Châteauneuf, une vie chrétienne authentique.

Vraiment, depuis les premiers instants où le Seigneur est venu à elle, après son « acte d'abandon », Marthe fut, jusqu'à sa mort, « sur la croix dans la joie ».

Du haut du Ciel, sa pluie de roses, c'est la multiplication des « Foyers de Charité » dans tout l'univers, pour le bien de « l'Église en marche », à l'aube du nouveau millénaire.

*Ô Mère Bien-Aimée,*

*Vous qui connaissez si bien les voies de la Sainteté et de l'Amour, apprenez-nous à élever souvent notre esprit et notre cœur vers la Trinité, à fixer sur Elle notre respectueuse et affectueuse attention. Et puisque vous cheminez avec nous sur le chemin de la vie éternelle, ne demeurez pas étrangère aux faibles pèlerins que votre charité veut bien recueillir ; tournez vers nous vos regards miséricordieux, attirez-nous dans vos clartés, inondez-nous de vos douceurs, emportez-nous dans la Lumière et dans l'Amour, emportez-nous toujours plus loin et très haut dans les splendeurs des cieux. Que rien ne puisse jamais troubler notre paix, ni nous faire sortir de la pensée de Dieu ; mais que chaque minute nous emporte plus avant dans les profondeurs de l'auguste Mystère, jusqu'au jour où notre âme pleinement épanouie aux illuminations de l'union divine verra toutes choses dans l'éternel Amour et dans l'Unité. Amen*

*(prière donnée par Marthe, récitée dans les Foyers de Charité après chaque communion)*

Achevé d'imprimer en juin 1995
sur les presses de Saint-Paul France S.A.
55000 Bar le Duc – N° 4-95-0502